你一定要認識的亞里斯多德系的？

就是這麼厲害的十項全能哲學家

林真如 著

The wisdom of
Aristotle

亞里斯多德為人類探求
真理開路

崧燁文化

目錄

序言

亞里斯多德（Aristotle，公元前三八四年～前三二二年），古希臘著名哲學家、科學家和教育家，百科全書式的人物，被視為柏拉圖之後世界古代史的另一位大思想家，被譽為「古代最偉大的思想家」，「最博學的人」。

亞里斯多德出生於古希臘北部色雷斯地區的斯塔吉拉城，從小對自然科學特別愛好，也很鑽研，在十七歲時前往雅典的柏拉圖學園，追隨老師柏拉圖學習和研究達二十年之久。他好學多問，才華橫溢，成績突出，柏拉圖誇他是「學園之靈」。

柏拉圖死後，亞里斯多德離開學園，到小亞細亞艾菲索斯一帶講學。公元前三四三年，擔任亞歷山大的宮廷教師。公元前三三五年回到雅典創建了呂克昂學園。公元前三二三年，亞里斯多德因政治原因被迫逃離雅典，來到歐比亞的加爾西斯，次年謝世。

亞里斯多德是世界文明史上一顆璀璨的明星。他創立了形式邏輯學，豐富和發展了哲學的各個分支學科，對科學發展作出了巨大的貢獻。

在邏輯學方面，亞里斯多德是形式邏輯學的奠基人。他認為，邏輯學是一切科學的工具。他提出了所謂的三段論。這個理論在後來的兩千年內，在西方一直是唯一被承認的論證形式。

在倫理學方面，亞里斯多德強調的是所謂「黃金比例」。他認為，人不應該偏向哪一個極端，唯有平衡，人才能過快樂和諧的生活。

在天文學方面，亞里斯多德創立了運行的天體是物質實體的學說。他認為運行的天體是物質的實體，地球是球形的，是宇宙的中心，地球和天體由不同的物質組成。

在物理學方面，亞里斯多德認為物體只有在一個不斷作用著的推動者直接作用下，才能夠保持運動。可以說，在牛頓經典力學體系的大廈沒有構建起來之前，整個西方世界都被亞里斯多德的物理學統治著。

在生物學方面，他對五百多種不同的植物動物進行了分類，至少對五十多種動物進行了解剖研究，指出鯨魚是胎生的，還考察了小雞胚胎的發育過程。

在教育方面，他認為理性的發展是教育的最終目的，主張國家應對奴隸主子弟進行公共教育，使他們的身體、德行和智慧得以和諧地發展。

亞里斯多德還曾提出許多數學和物理學的概念，如極限、無窮數、力的合成等。

本書從亞里斯多德的核心思想出發，對其形上學、倫理學、邏輯學、公民教育論等進行了深入淺出的分析和解讀，另外，對他的幸福原理和人生觀也有一個全面而精練的介紹。從某種程度上說，本書是亞里斯多德博大精深的思想的濃縮，是廣大讀者了解其思想精要的一個便捷管道。

亞里斯多德生平

亞里斯多德於公元前三八四年出生於希臘北部的斯塔吉拉城,於公元前三二二年在歐比亞的加爾西斯去世。

按照一般的看法,一代大師亞里斯多德的六十二年人生主要分為四個時期:(1)幼年時期,即從出生到離開故鄉到柏拉圖學園求學,約十七年時間;(2)求學時期,即在柏拉圖學園學習,約二十年時間;(3)遊歷時期,即離開學園到最後重返雅典,共十二年;(4)教學時期,即從回雅典創辦呂克昂學園到最後再次離開雅典,共十二年。

(1)幼年時期

亞里斯多德的出生地斯塔吉拉是希臘的殖民地,其父是馬其頓王室的御醫,為外來移民。受父親的影響,亞里斯多德從小就喜愛生物學和醫學,而且自幼養成了專注事實、尊重經驗的品格和作風。

後來,亞里斯多德的父母因宮廷的慘烈鬥爭而回到故鄉,不久,便雙亡於世。這時,亞里斯多德尚未成年。

父母早亡,幼年的亞里斯多德由姐姐和姐夫撫養,二人對弟弟的教育十分關心。亞里斯多德對姐姐、姐夫感激不盡,終生以最大的敬意懷念他們,後來建立雕像紀念姐夫,要女兒嫁給他們的兒子,並立其為遺產繼承人,以報答姐姐、姐夫撫養教育之恩。

亞里斯多德姐弟三人,除姐姐外,還有一個弟弟,名叫阿里木奈斯托斯,不幸早亡。對幼弟的夭折,亞里斯多德一直不忘,在遺囑裡囑人為之建立雕像以紀念。

(2)求學時期

公元前三六七年,剛剛十七歲,求知慾極強的亞里斯多德告別姐姐、姐夫,離開故鄉,到了雅典的柏拉圖學園,師從於柏拉圖。

柏拉圖學園是柏拉圖在公元前三八七年創辦的。這所學園位於雅典城外西北方，它歷經滄桑，久盛不衰，直到公元五二九年東羅馬帝國皇帝下令關閉為止，前後持續長達九百一十六年之久。這所學園可以稱得上是歐洲歷史上第一所固定的學校，為晚期希臘和羅馬時期的文化發展作出了傑出的貢獻，培養了不少在西方文化史上占有卓越地位的學者，甚至對近代歐洲形成和發展起來的學院和大學都有影響。

亞里斯多德來學園不久，就顯示出驚人的多方面的才能，深受柏拉圖喜愛。他勤奮好學，學業精湛，才華橫溢，超群拔萃，是一個思想深刻、抽象思維能力極強的人。他的頭腦容納了讓人難以置信的知識，對政治學、倫理學、修辭學、邏輯學、歷史、心理學、生物學、物理學、數學、醫學、天文學、自然史、戲劇、詩歌等都有研究，且有所成就。有一次，柏拉圖曾幽默地說，他的學園由兩部分組成：一部分是其他學生的身體，一部分是亞里斯多德的頭腦。柏拉圖很賞識亞里斯多德的才學，譽為「學園之精英」。

公元前三四七年，反馬其頓派在雅典當權。在這種局勢下，亞里斯多德作為一個外邦人，馬其頓宮廷御醫的兒子，處境是不佳的。恰在這年，八十歲高齡的柏拉圖與世長辭。臨終時柏拉圖指定斯珀西波斯為學園繼承人。於是，亞里斯多德結束了學園的求學生活，回到希臘哲學的發源地。

（3）遊歷時期

公元前三四七年，柏拉圖去世，斯珀西波斯繼任院長；亞里斯多德與同學色諾克拉底離開雅典，接受同學——阿塔內斯的統治者赫爾米亞的邀請去了那裡。

赫爾米亞是個忠肝義膽，精明強幹的朋友。他曾在柏拉圖學園學習過，對柏拉圖的理想——哲學家為王很是嚮往。

當他自己果然手握權力，專制一方的時候，就從學園請來亞里斯多德、色諾克拉底等幾位同學，將他們安排在阿索斯海濱，讓他們潛心討論研究哲學。

在阿塔內斯，亞里斯多德結識了此後二十五年共同合作，形影不離，又是他學園繼承人的泰奧弗拉斯托斯。泰奧弗拉斯托斯比亞里斯多德小十四歲。一些亞里斯多德研究者甚至認為，現存亞里斯多德著作，多數出自泰奧弗拉斯托斯之手。

公元前三四三年，馬其頓國王腓力二世為十三歲的兒子、未來的國君亞歷山大物色老師，他想到了亞里斯多德並給其寫信：「我有一個兒子，但我感謝神靈賜我此子，還不若我感謝他們讓他生於你的時代。我希望你的關懷和智慧將使他配得上我，並無負於他未來的王國。」亞里斯多德應邀來到珀拉王宮，泰奧弗拉斯托斯一同前往。

亞里斯多德等人離開阿塔內斯後的公元前三四一年，波斯軍隊侵入該地，赫爾米亞被俘，最後遭到殺害。為了紀念這位忠勇的朋友，亞里斯多德為他立了像，並寫了輓詞。

亞里斯多德來馬其頓後，先是和亞歷山大住在珀拉宮廷裡，後來移到一座名為梅札的古堡。教了三年，亞歷山大就拿起刀槍打仗去了。老師無事可做，回到了故鄉斯塔吉拉。亞歷山大為答謝恩師，重建了在戰爭中被夷為平地的斯塔吉拉。

後來，在亞歷山大登上王位，局勢穩定後，亞里斯多德便於公元前三三五年重返雅典，結束了漫遊生活。

（4）教學時期

回到雅典，亞里斯多德不是再回柏拉圖學園，而是在城東一個名叫呂克昂的運動場開辦自己的學園，與城西北角的柏拉圖學園隔城相望。

呂克昂學園是一個多才善辯之士雲集的地方，蘇格拉底在世時也多次來此。「群星薈萃之所」的呂克昂在亞里斯多德的主持下，成為一所科學研究和教學之地。

這個時期，希臘內部停止了無休止的各邦間的戰爭，社會穩定，有了學習和研究的社會環境。經過十幾年的遊歷，亞里斯多德增加了社會閱歷，增

長了見識，擴大了眼界，累積了大量的資料，見解也逐步脫離柏拉圖的固定模式，走上了獨立探索的道路。

這一時期，是亞里斯多德人生的輝煌期，他的思想充分發揮，大量的著作，包括哲學、倫理學、政治學、物理學等，都寫於這個時期。

然而，好景並不長。公元前三二三年，橫戈馬上、東征西戰的一代霸主亞歷山大在遠征途中染病身亡。隨之，反馬其頓的怒潮便再次掀起。作為一個外鄉人，與馬其頓有過來往的亞里斯多德，顯然無法再在雅典待下去了，不但工作不會安寧，生命也有危險。

於是，他只好將學園事務交給泰奧弗拉斯托斯，再次逃離雅典，離開自己一手創辦的學園，離開多年相處的朋友和學生，來到歐比亞的加爾西斯城，住在他母親留下的老屋中。

在加爾西斯，亞里斯多德終日鬱鬱，惆悵傷感。雖然這次動亂時間並不長，但遭此變故，亞里斯多德身心蒙受了巨大打擊，一病不起，理智力量尚在峰頂的他，於次年，即公元前三二二年溘然長逝，享年六十二歲。

亞里斯多德去世前，立下了遺囑：他要求執行人給他的母親、早年去世的弟弟阿里木奈斯托斯、撫養他成人的姐姐、姐夫建立雕像；要他的女兒嫁給姐姐的兒子尼亞諾爾；對曾侍候過他的幾個奴隸，不得出賣，要繼續養育，待他們成年或可自立營生時給以自由；留給兩個孩子的是家產，留給妻子赫比利絲的是他衷心的感情及熱愛；最後，按早年去世的前妻比娣婭的意思將自己的屍骨與她合葬在一起。

從這份遺囑可以看出作為理智化身的亞里斯多德的責任感，設想周到，仁慈開明：他是一個孝敬的兒子，深情的丈夫，慈愛的父親，誠摯的兄長，真實的朋友，寬厚的主人。

第一輯 亞里斯多德的形上學

古希臘哲學經過漫長而艱難的跋涉，在自然哲學和精神哲學都已充分展開的基礎上，終於在亞里斯多德這裡達到了一個全面系統的綜合，並在層次上飛躍到了一個純粹形上學的、即超越自然哲學和精神哲學的純哲學境界，這是西方哲學史上第一個形上學體系的完成。

▌一、形上學概況

《形上學》一書是亞里斯多德著作中最重要的一部分，它是亞里斯多德對先哲大家們的哲學思想總結，著重介紹他們關於世界本原問題的方法。

《形上學》一書是亞里斯多德著作中最重要的一部分。全書共十四卷一四二章。

《形上學》的書名並非亞里斯多德所提，是後人根據其內容加上的。關於這部著作的書名有兩種解釋：一說是公元前至前五○年安德羅尼柯在編纂亞里斯多德文集時，將他寫的關於自然事物（即我們可以感覺到的運動變化的事物）的著作編在一起，定名為《物理學》；將另外一部分討論比較抽象的事物的著作編在一起，放在《物理學》的後面，無以名之，就將它叫做《物理學之後》。亞里斯多德將他自己的這類思想稱為「第一哲學」，表示它是高於其他研究具體事物的各門科學的。中文將《物理學之後》譯成「形上學」。這裡的形上學指關於存在的學問、抽象的東西，與我們通常理解的孤立、靜止、片面看問題的形上學的思維方法不是一回事。另一說是因為亞里斯多德在該書中稱「物理學」為「第二哲學」，克萊孟·亞歷山大里諾就把亞里斯多德著作中所講的「第一哲學」解釋為「超物理學」，即形上學。現在一般傾向於前一種說法。

亞里斯多德的《形上學》由後人編纂而成，從形式和內容看，有不少重複和矛盾，前後各卷間，也有連接不當之處，有一些顯然是不同時期的著作，有的還可能是他的學生的筆跡。古代也有一種記載，說《形上學》只有十卷，

但我們現在見到的是十四卷，其中二、五、十一、十二卷可能是早期作品。不過對這點，學術界也有不同的看法。

《形上學》是亞里斯多德對先哲大家們的哲學思想總結，他著重介紹他們關於世界本原問題的方法。從古希臘第一個哲學學派——米利都學派的創始人泰勒斯主張水是萬物之源學說，到畢達哥拉斯的「數」的學說、恩培多克勒的「四根」說、德漠克利特的原子論，直至柏拉圖的理念論，亞里斯多德都引證了許多史料並作了分析。他在總結這些哲學家的思想時指出，我們雖然從他們的哲學觀點中得益不少，但他們都有片面性，沒有找到事物存在和變化的四種原因，即質料因、動力因、形式因和目的因。亞里斯多德在這個基礎上提出了他的「四因說」。

而後，亞里斯多德對哲學研究的主題、對象以及科學分類原則進行了討論。

在第三卷，亞里斯多德提出了十多個哲學應該討論的問題：（1）對於各種原因的研究，是不是同一門學科的任務？（2）研究本體的學問是不是同時也研究各門科學的普遍性？（3）哲學是不是要研究一切本體？（4）有無不可感覺的本體？（5）哲學是不是還要研究事物的主要屬性？（6）事物的第一原理是屬還是種？（7）有沒有脫離個體而獨立存在的抽象理念是不是可以和物體分離？（8）第一原理在數目上有限，還是在種上有限？（9）可毀滅的事物和不可毀滅的事物其原因是不是相同？（10）存在和單一是本體還是屬性？（11）第一原理是普遍的，還是特殊的？（12）第一原理是潛在的，還是現實的？（13）數理對象是不是本體？

亞里斯多德這些問題是全書的提綱，對這些問題的回答，便構成了以後各卷的主要內容。由於亞里斯多德的思想是發展的，後來有些問題的回答，實際上已經超出了原來提出問題的範圍。亞里斯多德之所以在哲學史占有重要地位，對哲學發展有重要影響，基本上就緣於他對這些哲學問題的研究和解答。

亞里斯多德在第四卷中指出，哲學以「存在」本身，即「存在的存在」為研究對象。存在的中心點是實體。其他各門科學是研究「存在」的一部分

及其屬性。亞里斯多德在西方哲學史上第一次對哲學的研究對象作了深入的探索。在第六卷，根據科學研究對象的不同，亞里斯多德把科學分為理論的科學、實踐的科學和創製的科學。哲學、數學和物理學屬於理論的科學。他認為哲學是研究既獨立存在又不動的東西，即永恆不動的實體。哲學是其他科學的根本，優於數學和物理學。

關於實體學說，他提出了「實體」的四種意義：本質、普遍、種和基質。這些在該書第七卷作了詳細的闡述。這裡他特別強調「基質」，指出基質是這樣的東西：其他一切東西都是來述說它的，而它卻是不述說其他東西的，因此，它是最真實的實體。實體有三種意義：質料、形式以及質料和形式的結合。質料是潛在的實體。形式是現實的實體。現實的東西，原來一定不是現實的，但現實的東西的存在不能出於絕對不存在的事物，必須先有一個能成為現實的東西存在，這就是潛在的東西，潛在的東西的現實化就是運動。

在此書中，亞里斯多德論述了他的神學思想。其關於不動的推動者的思想認為，宇宙間存在著一個永恆的實體，它是沒有任何質料的，亞里斯多德稱之為神。神是不依賴於任何東西的「自在自為」的東西，是至善的永恆存在。黑格爾把亞里斯多德這種神學理論稱讚為「再沒有比這個更高的唯心論了。」

亞里斯多德在最後對理念論和數論派進行了深刻的批判。他對理念論的批判集中到一點，就是提出了理念論，把一般的「理念」看成是在個別事物之外而獨立存在的東西，從而使一般和個別分離開來。在批判數論派時，亞里斯多德指出：他們看到了感覺事物具有數的屬性，便設想事物均屬於數，事物均由數所組成，這是荒謬的。數學的對象不能脫離感覺事物而存在，數若不存在於可感覺事物之內，為什麼可感覺的事物會表現出數的屬性？數論派看到點構成線，線構成面，面構成體，就認為這些必定屬於實體，其實這是錯誤的，因為這些東西本身不是實體；退一步說，即使是實體，也應該是感覺世界的實體，因此，數絕對不能獨立存在。

▌二、「四因說」與柏拉圖的「原型理論」

四因指質料因、形式因、動力因和目的因。動力因是一切事物的製造者。而「形式和質料」與柏拉圖的理念論十分相似，不同之處在於他將常識化的概念融入了原型理論。作為與「原型理論」相抗衡的「四因說」在基本上也繼承了「原型理論」。

亞里斯多德透過他創製的「四因說」反駁其師柏拉圖的原型理論。

四因，即「質料因」、「形式因」、「動力因」和「目的因」。亞里斯多德認為，「質料」是事物的原料，「形式」是事物的本質，「動力」是事物的製造者，「目的」是事物所要達到的目標。每一個具體的事物都是由質料和形式構成的。質料和形式是「構成實物的東西」，任意一個實物都是形式化了的質料，質料是實物的最終基質。「因」是「由事物產生並被包含在事物內部的材料」。例如：銅是質料，球體便是形式，水是質料，平靜便是形式。

質料依靠形式成為確定的東西，這也是構成一切事物實質之所在。一片水或空氣毫無物體的概念，因為它們渾然一體，無從分割和辨認，只有把它們裝在容器裡，才和外在有了區別，形成了「東西」，可見形式是給予質料確定形態的前提。亞里斯多德進而說，人的靈魂是一種較為高等的形式，靈魂是使肉體成為一件東西的本質，所以生命體的目的就在於與靈魂統一性相關的種種活動。換句活說，靈魂（形式）便是一種控制實體（質料）存在的本質因素，我們的行為全部都在它的影響之下。「形式」的最重要作用是把完整性和統一性帶到毫無目的性的質料中，使其構成合乎規律的事物。形式比質料更具有實在性。

所有事物的「製造者」是動力因。一般而言，製造者是被製造者的原因（即事物不能自發產生，必然存在著推動它形成的原因），是區別對待不同的形式所確立的標準。自然界的一切變化，都是質料與形式結合的轉化，是無形到有形的變化，是可能性向現實性的轉化，例如：花的種子長成一朵花，石頭變成房子，都是可能性向現實性的變化。

「形式和質料」與「理念論」本質是一致的，只不過亞里斯多德用「形式」替代「理念」，最終用共相代替超感世界。亞里斯多德之不同於柏拉圖，主要是他將一般常識化的概念融入了原型理論。由此，形上學的大部分創造精神便被淹沒到「形式」之中去了，不可捉摸且難以接近，甚至連亞里斯多德自己也無法深入地解釋這一問題。哲學家們一般的看法是，亞里斯多德所做的形式與質料的說明，其實就是柏拉圖的「理念論」，而且「似乎亞里斯多德對柏拉圖主義實際上所做的改變，比他自己所認為的要少得多（羅素《西方哲學史》）。」而且當亞里斯多德說「形式和質料即為事物的原因，另一種說法是，即為存在本質這個概念」的時候，他實際上已經和柏拉圖的理念論相當接近了。

▌三、共相與個體

亞里斯多德對柏拉圖的「共相」與「個體」做了修訂，「『共相』是具有可以用於描述許多主體這樣性質的東西，『個體』是指不能用上述方法描述的東西。」他與柏拉圖關於此的不同認識點在於，他認為一個本質既然已經確定，其間各個環節的關係就應該獲得解決……

共相在相關的範疇中，是個簡單的概念。在柏拉圖的著作裡，他把理念規定為至善、目的、最普遍的共相，他把存在及存在的必然形式歸納為「共相的基本形式」，但卻缺少了實在性的內容。換句話說，他所認同的共相只是空想世界裡的東西，在官能世界中無從下手。

而亞里斯多德顯然意識到了柏拉圖所犯的錯誤，他不失時機地指出，柏拉圖只是把一個普遍存在的通式當作世界的共性提了出來，實際上更詳盡的本質內涵還隱藏在這個原則之中，而且要更加複雜，「特別是當原型和現實存在著對立統一的矛盾時，它們將保留著這一矛盾產生對事物本體的否定」，即當柏拉圖所指的某一個體的時候，一個小小的個體分享一個理念的時候，必然存在著一個大大的群體共享這個概念的外延，這個大大的群體必然和小小的個體有性質上的相似關係，如此「理念」的循環必然無窮無盡——這是一種在專有名詞邏輯上犯的錯誤，這就是把各自獨立和存在的否定引回自身

的矛盾。柏拉圖的理念論所「設計」出的輪廓，只適用於簡單的一般事物，或者說是一種樂觀的理想化原則，缺乏細緻的生物性分類概述和偶然性的分析。於是，亞里斯多德把共相的概念做出了修訂，使得它比柏拉圖的理念論更具體更有論述性，其本質目的是要詳細規定專有名詞，探討這些字的意義。在進一步的規定中，他說：「『共相』是具有可以用於描述許多個主體這樣性質的東西，『個體』是指不能用上述方法描述的東西。」在談到共相的時候，必然涉及到質料和形式的一些概念。質料在官能世界中一般被認為是實體存在的物質，它們具有主觀性（現實性，即我們所見到的樣子）和客觀性（它透過一定的外力和事因可能變化成的樣子），但不能忽視一個重要的問題，在客觀和主觀的東西里面也同樣含有活動性，即變化的成因，這通常被理解為「可能性並不一定是朝著預想的方向發生變化，現實的形式並不是事物的終極形式」（笛卡爾《形上學的沉思》）。

抛開亞里斯多德對「共相的定義」，我們可以先自己想像「共相」的樣子。毫無疑問，它必然是從形式中抽取出來的、關乎本質的東西，那麼，這樣做之後呈現出的必然是受到限制的，甚至是抵制形式的東西。例如我們說「戴氏高腳馬」、「亞眠大蹄馬」、「土倫黑尾馬」這樣三種馬，毫無疑問它們的「關乎本質的東西」便是馬。說木桌、木椅、木床，它們「關乎本質的東西」便是木頭。我們從人類、猿類追本逐源便得出靈長類，魚類、人類、獸類其本質便是脊索動物。但假如說到「至善」、「誠實」這些詞時，我們便只能用「美德」來概述。所以，越是那些描述空泛的、理想化的理論，越會產生出本質中無形式的東西。柏拉圖和亞里斯多德關於共相的分野就在這一點：後者認為，一個本質既然已經確定，則其間各個環節的關係，就應該獲得解決；而假設本質是不依照形式存在的，那它對本質便有一定的限制了，故本質是不可能發生變化的。

所以，在進行論辯時，就必須依據一個定義來進行，例如論辯真假，就得先確定什麼是真，什麼是假。所要肯定是真的若與所要否定是假的事物並無異致，就不可能一切敘述都是假的；因為照這情形，那兩相反中必有一個是真的；假如對於每一事物必須承認或否定它，這就不可能都是錯的；這兩相反中，只有一個是錯的。在這裡，有關以弗所學派的流變學說被徹底批判

了。按照以弗所學派的理論,任何物象都處於不停的變動之中,我們的感官世界也因世界的變動而發生著改變——正所謂「人不能走入同一條河流;我們走入而又不走入同一條河流,我們同時存在而又不存在」,所以知覺便也是變動而無常態的。柏拉圖《美諾篇》中的蘇格拉底接著舉出一個例子來說明這一道理——「在我健康的時候,喝下去的酒覺得很甜,在我生病的時候就變得很酸。」

亞里斯多德舉例證明了他關於「實體」、「存在」的觀點。舉例說,如果一個人說「有」的時候,他認為除了那相對的一個條例「無」是錯誤的,其他的一切都是屬於存在的範疇;而另一個說「無」的則除外了「有」之外,其他的皆不存在;「這樣,他們已經被逼到替真實與虛假做出無休止的假設了。若要為他的真實理論註明所由稱為真實的境界,這過程將無休止地進行。」同樣的情形還出現在關於世界本原是「靜止」還是「變動」之中,這顯然是不正確的,「一切都是變化的」和「一切都是靜止的」都不正確。因為假如一切都是處於靜止或流變狀態,則顯然說「靜止」的人,他本身必定是在有所行為的情況下才說出這句話的,這就是變動;而說變動的人,則概括出變化的規律,這又必然是靜止的,假如一切皆在變動,世上又將沒有一件實在的事物;於是一切盡假。但我們曾已說明這是不可能的。凡是變化的必須原是一事物,因為變化是由某些事物變為某些事物。再者,若說「一切事物都時而靜定或時而動變」,沒有一樣事物是「永靜」或「永動」的,這種說法也不切實;所以應該存在著絕對靜止的事物,宇宙間總存在著最大的原動力,自己不動,而使一切事物趨於動變。變化,只是事物形式的變遷,其本質並未發生改變。

對柏拉圖的「世界是個巨大的數型構成體」論斷,亞里斯多德進行了批駁。他認為「把世界想像成數字的想法都過分樂觀了……其並不像我們所想像的那樣充滿了和諧和規律。」他把固定在共相之間變化的範疇稱為「活動性」,主要是指事物之間變動的限度。當認識到活動性的時候,首先就應該承認事物的存在,因為只有事物存在著,它才能具有變化的性質。所謂「共相」,必然是一種積極活動的變化,在這種變化內部,「變化」作為對自身的一種設定而存在,它最大的目的就在於對自己的定義;相反,在概念性的

變化裡面，就不包含在變化中維持自身的意義。在質料存在的前提下，共相對其所賦予的功效必定是它能採取的一切形式，但必須刨除了它必定的那種形式以外。毋庸置疑的是，只有從確定的一般命題中推導出個別命題的方法，才能證明個別命題的真理性。

共相說和理念說雖有一些共同點，但仍存在大量的分歧，這是亞里斯多德駁斥「數型」和「理念」的另一重要原因。在柏拉圖的數型學說中，形式和本質在理論發展中找到了共同的因子——理念，其自發的理論軌跡完全從形式的觀點照管整個構想，這暗示著理念是一個常數，並與任何觀念和官能的區別無關。這樣做既有好的影響也有壞的影響：首先，柏拉圖是把哲學和現實的發展看作是相互平行的，因為就其形式而言，原型世界是不輸於乃至完全超越現實世界的高端存在，但同時這也意味著抹平了各種存在形式之間的差別——在常識中，任何一個門類的學術都不可能向我們展示其他學術中所沒有的事物，特別是哲學，必然要從概括的事實出發研究事物的本質。這樣一來，柏拉圖所建立的理念論所得到的就不是一種可以追溯的有表述意義的哲學體系，而是一個關於某種空想形式的思想衝動。

亞里斯多德致力於此的，正是要把形式因素努力從單純的原型世界中分離開來，但依然從時空的辯證法上受其制約，使人感覺到這樣的割裂是十分不徹底的——即一方面強調形式是物質的本質，另一方面也暗示存在著一種可以遵循的規律性的理念在起作用。但亞里斯多德這種現實性的建立與柏拉圖相比，卻是大大的進步，因為這首次樹立了一種新的模型，它具有活動性的能力，這種能力的價值突出表現在否定自身存在上，並以「活動性‧可能性」這種不確定因素作為它的本質屬性，不再是自為的存在，而是「為他的存在」，這就建立了統一的否定關係。

亞里斯多德的共相學說中貫穿了他的自然辯證法。為了反對柏拉圖關於「理念是游離於官能世界存在的本質原型」，而努力把共相與個體說成是統一體，即在共相之中，就必然存在無數個體共同分享的部分。但亞里斯多德卻沒有解決從個體到共相、從特殊到普通、從感性到理性的具體轉化問題。他一方面確立了自己的唯物論先驗論，一方面又把它不斷推翻。

▌四、「隱德來希」與目的的實現

「隱德來希」的希臘文原意為「完成」，亞里斯多德把它當作「現實」的同義語，在其著作中多次出現。他用它描述事物的進化過程，解說自己的歷史主義看法。他在闡述這個「隱德來希」時引發了「宿命論」的或是一種不可避免的本質命運的歷史觀念。

「隱德來希（entslscheia）」頻繁出現在亞里斯多德著作的行文中，可見這個名詞相當重要。它的希臘文原意為「完成」，亞里斯多德用來指每一件事物完成的、所要達到的目的就是「隱德來希」，也把其作為「現實」的同義語，是目的和目的的實現。亞里斯多德哲學中的質料與形式的對應關係，牢牢地和「隱德來希」聯繫在一起。在形上學中，並非任何東西都與非現實有關，但同非現實的活動相聯繫的，必定是現實的力量。亞里斯多德的形上學中很重要的內容就是講這兩者相互滲透統一的情況。

「隱德來希」具體造成的作用是什麼呢？例如一塊石頭，它之所以能打磨成石斧或者建成石屋，就是由於這種本質的潛能。即使這塊石頭永遠不被打磨或堆建，這些潛能仍然內在於其本質之中。當然，如果它被打磨或堆建的話，那麼它就實現了潛能，從而發生變化或運動。可見，包含事物的一切潛能的本質（隱德來希），就是某種類似於事物的變化或運動的內在源泉的東西。

「隱德來希」已經涵蓋了能把它轉換出去的一切因素在內，所以用它來描述事物的進化過程是十分簡單省力的。當我們說「一條小溪是一條潛在的大河」時，我們實際上是在說「一條小溪經歷幾次改變之後可能會成為一條大河」。亞里斯多德認為，「隱德來希」是一種事物對世界的位置（即為了成為某物）而做出的態勢，在轉化時，形式一定會離開物體，並返回到其他物體上面；「隱德來希」是表現物與狀態完美統一的最高形式。「隱德來希」既可以看作是一個蛹，也可以看作是一隻蝴蝶，這裡的意思是，一方面處於變化狀態，另一方面又分明已是完成品。當然，它必須和事物的形式、質料保持徹底的分離關係，並從根本上上升為創造力並把握這個創造力。

在廣義上，亞里斯多德用「隱德來希」來闡述歷史主義，這就使他對歷史學的認識受到了侷限而沒有什麼創造性。柏拉圖關於社會進化的理論在亞里斯多德那裡遭到了「形上學」式的強硬解釋，例如他認為，洪水和其他重複出現的災害不時地摧毀人類，只留下少數倖存者。不過，除了這一點外，他本人似乎並不對歷史趨勢的問題有什麼興趣，他闡述歷史的全部核心在於指示其間具有的可能性及他關於變化的理論本身是如何導致歷史主義的解釋。古代社會衰亡時期，亞里斯多德的歷史主義曾被用來證明這種「可能性」的確存在。

亞里斯多德對「隱德來希」的闡述有一些明顯的失誤。他「發現存在於社會中的『隱德來希』，即是透過揭示在未發展的本質中隱藏的東西」，變化只能使從一開始就內在於變化的客體的本質、潛能種子顯現出來。這種理論導致一種歷史宿命論的或一種不可避免的本質命運的歷史主義觀念。黑格爾在《歷史哲學的批判》中稱，「我們稱作原理、目的、命運的東西」，只不過是「隱藏的、未發展的本質」，這使得關於「隱德來希」的思想滲透到獨立的具體形式中。換句話說，「一個人、一個民族或者一個國家，無論遭遇到什麼事情，都應該被視為源自於那種將自身顯現在個人、民族或國家之中的本質、實在的事物或真實的『人格』，都可以透過這種本質、實在的事物或真實的『人格』得到理解」。我們的頭腦完全可以理解這種蘊涵智慧的話語，它需要借助於諸如「命運」、特別是「自身存在」進行解釋。

個人、民族和國家乃至人類社會傑出的原因是：從唯一的角度出發完成任務。偉大的思想也是如此，它不受法則的約束，而是去創造新的法則。

▌五、實體論與宇宙

實體主要有三類形式：其一，可感性實體；其二，活動性實體；其三，絕對的實體，亦稱之為真理。第一種實體形式「只具有一種質料，它的活動性和可能性都是有限的」。第二種實體形式的「潛能」可分為有理知和無理知兩類，此處「潛能」主要指智慧自身的活動性。第三類實體形式是最高一

等的實體形式，它自在自為的存在，具有現實性、可能性，是其他事物的推動者。

實體的三類主要形式：

首先是「可感的感性實體」。這種實體「只具有一種質料，它的活動性和可能性都是有限的」。亞里斯多德所述及的質料，是延續了他一貫的有別於形式的說法——質料，是構成事物本性的主要因素。形式是外在的、可以改變的形象。變化都是屬於形式的，是實體自身從可能性變為現實性。變化的過程意味著必定存在恆定的一方。變化的過程同時也是形式和質料對立的過程——質料是變化中固定的部分，它是變化部分產生作用的基礎，並承載著變化。變化的對立雙方在變化後，一方一定會消失，而繼續存在的另一方也一定改變了原來的樣子。在這裡，亞里斯多德特別指出，當一個事物從一種狀態轉變為另一種狀態時，例如顏色、形狀的變化，並不是在偶然或無意中形成的，而是「由存在的自發產生出來的」，即事物本身的質料和形式的相對性促使發生變化。這被亞里斯多德稱為「同一性」。在形式和質料兩者中，繼續存在的便是質料，只不過隨著形式的消失，質料也必將發生變化。為了判定某一對象是否運動或發生改變，我們不應該憑藉表象或形象聯繫到客體上以做出推斷，而要用洞察力（或者想像力和悟性）聯繫於主體，發現其質料和形式中新的位置關係。

形式動物（變化）的結果即為感性形式的實體。由於運動，實體形式才相對顯示出來，可能性和現實性就是保證這種辯證法成立的因素；同時，形式（感性形式）的確立還需要三個條件：普遍存在的、作為變化基礎的質料；前形式和後形式間的相互對立；單純的動因。而且，這三個因素形成了必要的環節，使感性的形式在自我否定中得到確立。在實體的形式中，可能性就是即將確立的樣子，現實性就是即將過去的樣子，兩者的對立和揚棄最終構成了實體本身。

「活動性實體」是第二種實體形式。這種形式的構成因素有些存在於無靈魂事物中，有些則存在於有靈魂事物中，也存在於靈魂之中。當一個靈魂上升到能接受理性的時候，它的「潛能」便將被明顯地分作無理知與有理知。

此處論及的「潛能」主要是指智慧物自身的活動性。這樣的事物包含在它的否定性之內，或者說它變化後的形式也是它的一部分，這樣的東西就是受理性目的的指引，其標準是活動性的內涵。以人為例，人的一生要經歷幾個不同的階段，身體自然要發生改變；但要說起一個人來，是要包含他全部生活經歷的，於是便包含了以前的各種「形式」。他的生長應該是理性的表現，所以自然屬於「活動性實體」。

活動性實體也同樣適用質料和可能性統一對立的揚棄性理論，這都是在可感知事物之中的。但相對的則是在可感性事物中。質料是積極的活動者，而可能性是消極的活動者，因為它是被動變化著的。作為實體的本質，質料的複雜程度要超過「可感性實體」的內容。但它仍舊是變化的主體，只是不像「可感知的實體」那樣存在著形式上的差異，它的形式變化的範圍是隱晦的，甚至是無法辨別的。在形式變化的環節中，只有目的的實現，而沒有可感知的表象存在，這是因為相對於質料和可能性兩個穩定和變化的極端，在此處到彼處的效應裡，不存在著簡單的推動原因，不是像「可感知實體」那樣「從一個事物轉化為另一個事物」或「某物變化了狀態」──重要的是，「活動性實體」是在質料內部發生的變化，是由目的推動的變化，是逐步的，隱性的，所以，這種實體的形式就要受質料和活動性雙重因素的影響，在這裡，目的就是這種變化的推動力。

「絕對的實體」即真理是最高一等的實體。它的特點是：自在自為地存在；現實性、可能性；其他事物的推動者。在「絕對的實體」或「真理」中，實體的本質就是活動性本身，即現實和潛能的統一體，由此，實在性和可能性便高居任何事物之上，它的變動、規定都是由自身的規定性和自發性決定的。

人類思維是有限的，絕對實體的活動是無限的。如果用有限的思維思考無限，無限的一部分內容便會進入有限的思維。活動性也因此影響人類自身的思維。而真理則是客觀實在進入主觀思維的表現，由此，我們便了解到真理，同時也成為了真理的一部分。真理作為在思維中運動的內容之一，它是反覆工作著的對象和可能的發展方向，這便形成了理智。作為一種現象和運動，思維是一切事物中最高級的，它是絕對實體本身，也是我們和世界最本

質的聯繫，是實在和能力的統一。唯有思維才是真理，才是世界的本原。思想是一切形式中關乎第一性的，「是精力最充沛、最受尊敬的」，是一切事物中最能體現神性的東西。思維是構成一切物質的本質元素，同時在思辨時，物質的一部分也轉化為我們自身。

所以，思辨形式的構成是判斷一個事物真實和虛假的標準。

▋六、感覺・經驗・技藝・智慧

在感覺、經驗、技藝、智慧中，顯然智慧最為人推崇，經驗和技藝在智慧中造成不可估量的作用，一個最先發明技藝的人和一個有經驗的人相比，往往讓人覺得更有智慧。而感覺則是普遍存在於動物之中的，人獨立於動物之外在於人可以由感覺產生記憶並聯繫成經驗。

求知是人的本性之一。其標誌就是我們對感覺的愛好，因為除了它們的用處之外，它們本身就被喜愛。在諸感覺中，人們尤其喜愛視覺。其理由是，在所有感覺中，視覺最能幫助我們認識事物並揭示事物之間的差別。

動物同樣因為本性而天生具有感覺能力，一些動物可以由感覺產生記憶，另一些則不能。因而與不能記憶的動物比較，前者更為聰明而易於學習；那些不能聽到聲音的動物儘管是聰明的，但牠們不能被教導，例如蜜蜂以及任何可能與之相似的其他族類的動物。但是，那些在記憶之外還具有這種聽覺的動物則可以被教導。

許多動物都僅憑表現與記憶生活，只有很少數會依經驗而聯繫，但人則與之不同，人類的生活還透過技術與推理來維繫和發展。人們從記憶產生出經驗，這緣於人類對同樣事物的多次記憶，最後產生出關於某一單個經驗的能力。經驗與科學、技藝極為相似，其實，人們就是透過經驗而獲得科學與技藝的。當其由經驗獲得的許多概念得出一個關於一類對象的一般判斷時，技藝就出現了。

經驗在活動時是十分重要的，它的作用不亞於技藝，而且人們往往透過經驗的幫助獲得成功。理由在於經驗是個別的知識，技藝是普遍的知識，而

行動和生產都是涉及個別事物的。然而，我們認為，知識與理解，屬於技藝更甚於屬於經驗，並且我們設想技藝家比有經驗的人更有智慧。這是由於前者知道原因，但是後者卻不知道。因為有經驗的人認識事情是這樣的，但並不知道為什麼，而技藝家知道為什麼是這樣。由此，我們也認為在每一項手藝中，匠師比之一般工匠更為可敬，知道得更多，而且更有智慧，因為他們知道他們從事的工作的原因。這樣，我們把他們看作更有智慧，不是由於能夠行動，而是由於他們具有理論和知道原因。一般說來，一個人知道或不知道「原因」的一個標誌，是前者能夠教別人，因而我們認為技藝比之經驗是更加真實的知識，因為技藝家能教別人，而僅僅有經驗的人則不能。

的確，感覺可以為我們提供特殊東西最權威的知識，在某種程度上，感覺就是智慧。但也必須注意，並非所有的感覺都是智慧。感覺並不能告訴我們關於任何事物的「為什麼」。例如：火為什麼是熱的？它們僅僅說：「它是熱的。」

最先發明了超過人的普通知覺技藝的人，會受到人們的崇敬，因為他被認為是有智慧且優於其他人的人。當然，其發明有用的東西也是原因之一。但當更多的技藝被發明時，其中有些是直接指向生活的必須的，另一些是為了娛樂的，後者的發明者自然地總是被看作比前者的發明者更加聰明，因為他們的知識的分支並不是指向實用的。當所有這樣的發明都已建立起來時，那種並不為了提供愉悅或為了生活必須的科學就被發現了，並且是在那些人們最先有了閒暇的地方，這就是為什麼數學技藝首先在埃及被發現的原因——那裡的祭司等級被允許享有閒暇。

一個有經驗的人被認為比有感覺知覺的人更有智慧，技藝家比有經驗的人更有智慧，匠師比機械地工作的人更有智慧，而理論性的知識比生產知識具有更多的智慧本性。由此可以看出，智慧是關於某種原理和原因的知識。

七、探尋科學的本性及目標

在這裡，亞里斯多德顯然繼承了其師柏拉圖「哲學王」的意識，在他看來，所有的事物必定屬於那有著最高程度的普遍知識的人，智慧的人不應接

受命令，而且他不應服從別人，相反，較少智慧的人應當服從他。顯然，擁有「哲學」的人才配有以上的「資格」。

假設智慧的人知道幾乎所有的事物，而且相當廣泛，雖然他對每一事物的細節沒有什麼貢獻，但那些能夠克服學習困難的、理解一般人不容易懂得的事物的人，仍是智慧的；在知識的每一個分支中，那些能夠更確切、更有能力教導原因的人是更為智慧的。而且在各門科學中，由於其本身特性以及為了認識它而加以追求的科學，比之於為了它的結果而加以追求的科學，更具有智慧的本性；而高級的科學比之於輔助的科學，更具有智慧的本性，因為智慧的人不應接受命令，而且他不應服從別人，相反，較少智慧的人應當服從他。

擁有最高程度普遍知識的人也必將擁有所有的事物，因為在某種程度上，他能夠歸屬於普遍事物的所有事例。並且，總的來說，這些最普遍事物都是人們最難認識的，因為它們都是離感覺最遙遠的。並且那些最嚴格的科學幾乎都是處理第一原理的，因為那些包含較少原理的知識比之於那些也是附加原理的知識是更為嚴格的，例如算術較幾何學更嚴格。研究原因的知識也是更加有能力教導的，因為那教導的人都是述說每一事物的原因的人。原因就是最可知的知識，因為透過它們以及從它們出發，所有其他事物都得以認識。

驚奇使人們對最初感到明顯困難的問題進行思考，這也就是哲學思考的開始，進而對較重大困難問題的思考。例如關於月亮、太陽和星辰的現象，以及關於宇宙的生成的問題。而且一個人在困惑和驚奇的時候，自認為是無知的，因此他們是為了免於無知而進行哲學思考，他們是為了認識而追求科學，而不是為了任何實用的目的。因為那是在幾乎所有的生活必需品以及提供舒適娛樂的事物都已得到保障時，才開始尋求那樣的知識的。那麼，很明顯，人們不是為了任何其他利益的緣故而尋求不是為了別的人而存在的，所以我們追求這門作為唯一自由的科學，因為它只是為了它自身的緣故而存在的。

人對事物的驚奇大致是這樣開始的。如像他們關於自動的窄線木偶，或關於冬至、夏至的至點，或者關於四邊形的對角線與其一邊的長度的不可通

約性的驚奇；因為對於所有還沒看到原因的人來說，它無疑是令人驚奇的，竟然有一種東西，即使用最小的單位也不能度量。但是，我們必須終止於相對立的狀態，正如諺語所說，較好的狀況就是當人們學習到原因的時候。因為沒有什麼事情比對角線如果變得可以通約會更加使幾何學家吃驚的了。

八、關於真理的探索

亞里斯多德認為，真理探索是有難易之分的，人們對真理的認識往往站在前人的「肩膀」之上。而哲學也是真理。引出真理的東西都是與存在有關的，它們也是最為真實的。

真理的探索，在不同的意義上，其難易程度是不同的。表現這一點的事實是：沒有一個人能完全探索到真理，而另一方面，我們全體又不會失敗，每一個人對於事物的本性都能說出某些真理。當一個人對於真理的貢獻極少甚至沒有時，透過所有人的聯合則累積了數量相當大的真理。因此，由於真理像諺語中所說的：「誰會弄錯門呢？」這樣看來，它又是容易的。但是，我們擁有整體而不能掌握部分的情況則表明它的困難。

困難分為兩類，其原因不在事實之中，而在我們的認識之中。因為正像蝙蝠的眼睛對於白天的光輝一樣，我們心靈中的理性對於事物也是如此。這些事物在本性上是非常明顯的。

因此，對那些我們可以同意其看法的人，我們去感激，而對那些看法比較膚淺的人，我們同樣去感激，因為他們同樣為思想貢獻了力量。對那些表達了對真理看法的人們，可以這樣說，因為我們從一些思想家那裡繼承了某些意見，而這些思想家又得歸功於前人。

哲學作為真理的知識這一提法是正確的。因為理論知識的目的是真理，而實踐知識的目的是活動，因為即使為了實踐活動的人考慮到了事物是怎樣的，他們也並不研究永恆的東西，而只研究那些相對的東西和在當前的東西。但是離開原因我們就不知道真理；而且一個事物，如果由於它的緣故，一種性質也屬於其他事物，那麼這個事物就在較高的程度上具有這種性質。所以，

那引出真理之為真的東西就是最真的。也沒有任何它們存在的原因，而是它們自身就是其他事物存在的原因。所以，正如每個事物都是與存在有關的，它也是與真理有關的。

▌九、事物的開端

提到事物的開端，我們往往會想到「開始」，亞里斯多德對開端進行了六種闡釋，並提出開端的共同性質就是「第一的東西」，從它出發的事物可為存在的，也可變為存在的，亦可得以認知，它們可內在於事物，亦可外在於事物。

「開端」的意思是：（1）事物的那個部分，一個東西可以首先從它移動，例如一條線或一條路，在相反方向的每一面都有一個開端；（2）那個點，從它出發每一事物可以最好地產生出來，例如一個研究的活動有時應當不是從最原始的或者從論題的起點開始，而要從容易學習之點開始；（3）一個事物，作為內在的部分，某事物由它得以首先變為存在，例如一條船的龍骨和一座房子的地基，至於動物，有人認為是心臟，另外的人認為是頭腦，還有的人認為是具有這個性質的其他部分；（4）一個事物首先從它（不是作為一個內在的部分）開始變為存在上，並且運動和變化自然地首先從它開始，如像一個小孩來自他的父親和母親，一場戰鬥來自汙辱性語言；（5）那樣一個東西按照其意志使得運動的東西運動起來，使得變化的東西發生變化，例如城市中的長官，以及寡頭、君主和僭主都被叫做治理者，在技藝中也有這樣的稱呼，特別是在建築技藝中；（6）一個事物可以首先由它而得以認識的東西，——這也叫做事物的開端原理，例如假設是證明的開端。

「開端」的共同性質是「第一的東西」，而從其出發的事物可為存在的，也可變為存在的，亦可得到認知；它們可內在於事物，亦可外在於事物。因此，自然是一個「開端」，而且元素、思想、選擇以及實體和終極因也是「開端」——因為善和美在許多情況下都是認識和運動的開端。

▌十、事物的原因

「為什麼一個人散步？」「為了成為健康的人。」我們自認為指出了原因。事實上，這是談到原因時的意義。亞里斯多德總結了四類原因，一般說來，我們所提到的原因都可以歸納其中。

「原因」的意思是：（1）那個作為內在的東西，一個事物由它變為存在，例如青銅是雕像的原因，銀是杯子的原因，以及包括這些的類都是原因；（2）形式或模型，亦即本質的定義和包含這個的類，以及包括在定義中的部分；（3）變化或靜止從它首先開端的東西，例如：作出計畫是行動的原因，父親是小孩的原因，而一般說來，製造者是製造出的事物的原因，變化產生者是變化的原因；（4）目的亦即一個事物是為了它的緣故的那個東西，例如：健康是散步的目的。

當我們回答：「為什麼一個人散步」時，會說：「為了成為健康的人。」我們此時自認為已經指出了原因。在開始活動之後，那些處於開端與終結目的之間的東西也是原因，例如減輕體重，或清除（通便），或藥物，或工具等等。因為所有這些都是為了這個目的，儘管它們彼此不同，它們有的是工具而另外的是活動。

談到原因的意義便是以上所列的諸種，而由於它們是在幾種意義中來談論，由此得出：同一事物有幾個原因，而且不是偶然的原因。一個是作為運動的源泉，並且諸事物可以相互是原因。例如艱苦工作是身體良好狀態的原因，而後者又是艱苦工作的原因，然而不是以同樣的方式，一個是作為目的，另一個則作為運動的源泉。再者，同一事物是相反的東西的原因，因為某物出現引起一特殊事態，有時我們責難當其不出現時，則有相反的事態，例如：我們把船隻遇難歸咎於舵手的缺席，他的出現則是安全的原因；而這兩者——出現或缺乏——都是作為運動的源泉的原因。

四種意義可以將上述所有原因歸入進去。字母是音節的原因，材料是製作物的原因，而火和土以及其他這類東西是物體的原因，部分是整體的原因，假設是結論的原因，這都是就它們是這些相應的東西得以造成的意義而言。

▌十一、事物的元素

亞里斯多德總結了兩類元素，「據有原初證明的性質元素叫做證明的元素」，「最普遍的東西都是元素」。總體來說，元素是內在於事物之中的基原的東西。

元素的意思是：

（1）內在於一個事物的原初成分，而且在種類上不能劃分為另外的種，例如言詞的元素是組成言詞的部分而且是最終劃分成的東西，而它們不能再劃分為在種類上不同於它們的其他言詞形式。如果它們被劃分，那麼它們的部分是同類的，如像水的部分是水。同樣，那些談論物體的元素的人，他們的意思是物體最終劃分成為的事物，而它們不能再劃分為在種類上不同的其他事物，而且不論這種事物是一還是多，他們就叫這些事物為元素。所謂幾何證明的元素，以及一般地證明的元素，都具有同樣的性質；因為原初的證明包含於許多的證明之中。這些原初證明叫做證明的元素。

（2）人們也把「元素」一詞從這個意義轉變而應用於那些對許多意圖有用的東西，由於這個原因，那種小的、簡單的和不可分的東西也被叫做元素。由此產生了這樣的事實：最普遍的東西都是元素。而且這種統一體和點被許多人認為是本元素。

所有意義中的共同點是，每一個事物內在基原的東西即為其元素。

▌十二、事物的必然性

「必然」，是指作為條件來說，沒有它，便不會有事物的存在，它不能加以說明。事物因「必然」可分兩類，一類是可以從其他事物中得到必然，另一類是不能從其他事物中得到必然，反而成為前者必然的源泉。

作為一個條件，沒有它，一個事物則不能存在，即為「必然的」。例如：呼吸和食物對於動物都是必要的，因為沒有這些動物就不能活下去。作為一種條件，沒有它善就不能存在或產生，或者沒有它，我們就不能除去惡或擺脫惡，例如：我們為了治病，服藥就是必要的；一個人為了獲得錢財，航行

到愛琴海就是必要的。強制和強迫，亦即阻止並傾向於妨礙，是相反於衝動和目標的東西。由於強制的被稱作必然的，必然的從此便是痛苦的，並且強制就是一種必然性。

必然性是與目標和推論運動相反的，正因如此，必然性被認為是不能加以說明的東西。我們說那個不能是另外一個模樣的東西就必然地是像它那樣的。並且在這個意義上的「必然性」，所有其他的意義就都以某種方式引申出來了。因為一個事物被說成去做或承受那是必然的東西（在強制的意義上），僅僅是在它由於強迫的力量而不能按照它的衝動來行動的時候。這就蘊含著：必然性是由於它而使得一個事物不能是另外一個事物的那個東西。關於生活的和善的諸條件也與此相似。

由於結論不能是別樣的，所以證明是一種必然的。而證明若是絕對的，那麼必然性的原因就是基本的諸前提。

有的事物從某些別的事物那裡得到必然性，有的事物則不如此。不能從其他事物得到必然性的事物，其本身則成為另一類事物必然性的源泉。因此，那必然的東西在基本的和嚴格的意義下是簡單的東西，因為它不允許有多於一的狀態。所以，它不能處於一種狀態而又處於另一種狀態。

十三、潛能

「潛能」是一個較為現代的詞彙。由此我們往往會想到佛洛伊德的「潛意識」、「本能」等類似的詞語。而遠在幾千年前的古希臘，亞里斯多德便對此作了系統的總結和闡述。

潛能的意思是：（1）運動或變化的源泉，它是在另外的一事物中而不是在被推動的事物中，或它是作為另一事物在同一事物中；例如：建造的技藝是一種潛能，它不是在被建造的事物中，而治療的技藝是一種潛能，它可能在被治療的人中，但不是在作為正被治療的他之中。於是，「潛能」的意思一般說來是在另一事物中的變化或運動的源泉或者作為另一事物在同一事物中。（2）它是一個事物被另一事物推動（或者被作為他者的自身推動）的源

泉。由於這個原理，一個被作用者遭受每一樣事情，我們稱它為「能夠」遭受。我們這樣說，如果它畢竟遭受每一樣事物的話，有時不是就它遭受的每一樣事物而言，而僅僅是如果它遭受一種朝向更好的變化的話。（3）很好地或按照意圖表現這一點的能力；有時對於那些能夠走或說但是走或說得不好或不像他們所意圖的人，我們說他們不能說或走。（4）在被動性的場合也是如此。（5）這樣的狀況，事物由於它而絕對是不受影響的或不能變化的或不容易變壞的，都被叫做潛能；因為事物被打破、撕破或彎曲以及一般說來被毀掉，不是由於具有一種潛能，而是由於不具有一種潛能和缺乏某種東西；對於這樣的過程是不受影響的事物（如果它們很難或僅只輕微地受這些東西的影響），則是由於一種「潛能」，並因為它們「能夠」做某種事情而且都處於某種被動的狀態。

由於「潛能」意義廣泛，所以「潛能的」或「能夠」的指示意義也不同，或者將是那個東西能夠開始一個在其他事物中的運動或一般地一個變化，（因為即使能使事物靜止的東西也是一個「潛能的」事物）或者在作為其他事物的自身中的運動；在一種意義上，別的某種事物具有那樣一種支配它的潛能，在一種意義上，它具有變為某種事物的一種能力，不論是變得壞些還是好些。

▎十四、質

亞里斯多德的「質」涵蓋了生物學、數學、物理學、化學等幾方面。生物學方面，質與種差密切相關；數學方面，質與量相依相存，而在道德上，提出了善惡的質……

「質」含有 4 種意義：

（1）本質的種差，例如人是有某種質的動物，因為他是兩足的，而馬是動物，因為牠是四足的，一個圓是一個有特殊質的圖形，因為牠是沒有角的——這表明本質的種差是一種質——這是質的一層意思，即本質的種差。

（2）應用於數學的不動的對象，即數目具有一定的量的意思，例如合成的數目，它不僅是在一個向量中，是由平面和體來表示的（這些都是平方數

和立方數），而且一般說來，那存在於量之外的數的本質中的東西就是質，因為每一個的本質就是它一度是什麼。

（3）運動實體的所有性質（例如熱與冷，白與黑，重與輕，以及其他的這類東西），當它們變化的時候，由於它們，物體被認為改變了。

（4）關於德行與惡行的質，一般說來，即關於惡與善的質。

這樣，質似乎在實際上具有兩種意義，而其中的一種是更加適合的。起初的質是本質的種差，在數目中的質是它的一個部分，因為它是本質的一個種差，但或者是不運動的事物的本質的種差，或者不是作為運動的事物的本質的種差。其次，有些作為在運動中的運動的事物的屬性和運動的種差。德行和惡行屬於這些屬性，因為它們標誌運動或活動的種差，在運動中的事物根據它而很好地或很糟地作用或被作用，因為那能運動或作用的在一種方式中是善的，而能這樣做的在另一種相反的方式中則是惡。善和惡指明質，特別是在有生命的事物中，而在這些當中，又特別是在那些有目標的事物中。

▌十五、缺失

缺失有三種意義：（1）「一個事物不具有該事物自身或它的種自然地具有的一種屬性」；（2）本應當具備某種自然屬性，卻在事實中不具備；（3）被他物剝奪後的狀態。缺失往往與否定前綴相關，因為缺失本身便具備否定的意義。

缺失包含三種意思，它大致的內含為一事物不具備另一事物所具有的某一屬性，例如：一個植物被說成「缺失」眼睛。（1）如果一個事物不具有該事物自身或它的種會自然地具有的一種屬性，例如：一個盲人和一個鼴鼠在不同的意義下都缺失視力，後者是與動物相對比，前者是與他自己的正常本性相對比。（2）儘管它應當自然地具有某屬性，並且當它應當自然地具有它時，如果它不具有它，因為盲是一種缺失，但一個人並非在任何時候和每一個時候都是盲的，而僅僅如果在它應當自然地具有視力的年齡時不具有它。相似地，一個東西叫做盲的，如果它在工具方面、器官方面、關係方面和方

式方面缺乏某屬性而它應當自然地擁有該屬性。（3）任何東西被暴力剝奪叫做缺失。

缺失的確像語詞帶有否定前綴那樣具有很多的意義類別，一個事物被叫做「不相等」，因為它不具有相等，儘管它應當自然地具有它，而「不可見的」則是因為它或者根本沒有顏色，或者因為它有很不明顯的顏色；「無足的」或者因為它根本沒有足，或者因為它具有不完善的足。再者，一個缺失的詞可以意味著「在很小程度上具有某事物」，例如：「無核的」，這意味著以不完善的方式具有它。再者，它可以意味著「不容易地」或「不是很好地」具有它，例如：「不可切割地」意思不僅是指那不能被切割的東西，而且指那不容易或不能很好地被切割的東西。再者，它還可以意味著根本不具有某事物；因為不是一隻眼的人，而是雙眼無視力的人，才被叫做盲人。因而並非每一個人都是好的或壞的，正直的或不正直的，還有著居間的狀態。

十六、部分和整體

部分與整體是相對而言的，沒有部分就無所謂整體，反之亦然。所以說在本質上它們是辨證統一的。就其各自的意義，也有千絲萬縷的聯繫，所以不能獨立地分割出來。

部分含三種意義：（1）一個量能以任何方式劃分為它的東西，因為那從作為量的量取走的東西，總是被稱作它的一個部分，例如：「二」在一種意義上被稱為「三」的一個部分。它的意思是關於在第一種意義上的部分僅僅是那些度量整體的東西，這就是為什麼「二」在一種意義上被稱為「三」的一部分，在另一種意義上又不被稱為「三」的一部分。（2）一類事物除了量之外可以被劃分為它的元素，這種元素也被稱為它的部分，由此，我們說屬是種的部分。（3）一個整體被劃分為元素或者它由這些元素構成，整體的意義或者是形式或者是具有形式的東西。例如：銅球的形式或銅的立方體，不僅青銅是部分，亦即形式在其中的質料，而且它的角也是部分。（4）在定義中解釋一個事物的因素也被稱作整體的部分，這就是為什麼種被稱為屬的一個部分，儘管在另一個意義上屬是種的部分。

整體含三層意義：（1）不缺少它的任何一個分的東西被稱為自然地是一個整體。（2）如此地包含著它包含諸事物從而形成一個統一體的東西。這有兩層意思——或者每個都為分離的一件單獨的事物，或者在它們之間造成了一個統一體。共或者一般地述說作為一個整體的事物，在它包含許多事物的意義上共相，因為它表述它們的每一個，而且每一個以及所有它們都是一，如人、馬和神，因為全都是有生命的事物。而連續的並被限的東西，當它是由幾個部分組成的統一體時，就是一個整體關於這些事物本身，由於本性如此，比之由技藝而如此的，是較高程度上的整體，如我們所說在統一體的場合是這樣，事實上，整體性是一種統一性。（3）具有開端、中點與終點的量，位置對於它不造成區別的，叫做全體，而對於它造成區別的，叫做整體。那些允許這兩種描述的就既是整體又是全體。這些就是其本性交換位置後仍然保持一樣的事物，但是，它們的形式並不保持一樣，如臘和一件外衣，它們被描述為既是整體又是全體，因為它們具有這兩者的特徵。水和所有的液體和數都被叫做全體，而不說「整體數」和「整體水」，除非是在一種延伸的意義上使用。對於應用「全體」一詞的，作為一的事物，當它們被當作分離的時候，「所有」這個詞也可以應用，如「所有這個數」，「所有這些單位」。

▋十七、本質與形式

與部分與整體一致，本質與形式也是辨證統一的。亞里斯多德在論述兩者之時，參照前代哲學家的成果，譬如柏拉圖、義大利學派、思培多克勒、阿那克薩哥拉等，他並不認為他們對本質與形式的認識是透徹的，所以對其進行了「批評」，但自己見解卻不大多。

我們對曾經談論過本原與實在的哲學家以及他們處理兩者的方法，進行了簡明扼要的考察，從中得到許多有益的見解。那些談論本原及原因的人中，沒有一個人提到過任何一個超出我們在論自然的著作中已經區分過的那些原因，但全都明顯地有某種關於它們的想法，儘管只是含糊的。因為有些人說本原是質料，不論他們設置一個或者多個本原，也不論設想它為有形體的還是無形體的。例如：柏拉圖說的大和小，義大利學派說的無限，恩培多克勒

說的火、土、水、氣，阿那克薩哥拉的由相似部分組成的無限事物。這些人都涉及到這類原因，而且談論氣、或火、或水、或者比火濃密和比氣稀疏的人，也全都有這類原因，因為有人說過第一元素就是這一類的。

以上思想家只是抓住其原因，另外，有些思想家則提出運動的源泉。例如把友愛與爭鬥或者理性或者性愛作為本原的那些人。

本質及實體的問題，沒有人明確的表達過。它主要由那些相信「形式」的人所提示。因為他們並不假定「形式」是可感覺事物的質料以及「一」是「形式」的質料，或者它們是運動的來源（因為他們說這些毋寧是不動的和處於靜止狀態的東西的原因），但是他們提供「形式」作為每個其他事物的本質，並提供「一」作為「形式」的本質。

他們用某種方式判斷活動、變化和運動發生的原因，得出結論，此類結論除去了活動、變化和運動的本性。因為那些說理性或友愛的人把這些原因歸入善的一類，然而，他們並不說任何事物存在或者產生出來是出於它們的緣故，而只是說運動從它們開始。那些以同樣方式說「一」或存在是善的人，認為它是實體的原因，但實體並非由於這個緣故而存在或產生出來。因此，這表明在一種意義上，他們既說了也沒有說善是一個原因，因為他們並沒有直截了當地把它叫做原因，而說它偶然地是原因。

因此，這些哲學家不能觸及的原因，似乎為我們驗證了已經確定的原因的數目及其類型。還有，也很顯然，當尋求這些原因時，或者所有四個原因都必須如此加以尋求，或者它們必須在這四種方式的一種中來尋求。讓我們接下來討論這些思想家關於每一種方式的陳述中出現的困難，以及因他們對待本原的態度而出現的困難。

第二輯 亞里斯多德的倫理學

西方古代倫理學的集大成者亞里斯多德對於西方中世紀和近、現代的倫理學發展皆有深遠影響。在亞里斯多德看來，哲學是偏重理論的，而倫理學是偏重實踐的。

亞里斯多德批判了蘇格拉底「美德即知識」的倫理學唯理智論，認為倫理知識雖然是普遍的，但卻不能顧及到個別行為的無限多樣性。亞里斯多德還批判了柏拉圖有關統一的善理念的觀點，指出如果這種善不能實現，那就是毫無意義的。

一、倫理學與理性道德

《尼各馬科倫理學》是亞里斯多德三部倫理學最重要的一部。本小節對該書進行了概括性的描述，如中庸之道的倫理觀、靈魂的三種構成東西、美德的種類及途徑、幸福由何而來等諸多問題。在以後各節中，我們會著重討論。

《尼各馬科倫理學》與《大倫理學》、《優代莫倫理學》為亞里斯多德三部倫理學。其中，第一部為三者中最重要的一部。《尼各馬科倫理學》共十卷一百一十六章。該書思想完整、結構嚴密，各卷章節一氣呵成。在所有亞里斯多德的著作中，這是唯一一部系統著作（其他多是經後人編輯，把同類著作編在一起而加以篇名），也是被研究得最仔細、註釋得最廣泛、成果最豐富的著作。這部著作主要之點是：第一卷定義主題及說明問題所在；第六卷討論智德；第七卷討論道德弱點；第八～九卷研究友誼；第十卷討論快樂、幸福；書中討論道德德性，先是一般說明，然後討論選擇及責任，再詳細說明道德德性。各卷之間的論述互有穿插。

亞里斯多德在這部著作中提出了中庸之道的倫理觀。他認為，人們無論做什麼事情都有一個目的，這個目的就是善和至善，這種善就是人們的美德，因此善是具體的。這就批判了柏拉圖提出的存在一個絕對的抽象的善的觀點。

亞里斯多德認為，情感、潛能和品質是靈魂擁有的三種東西。所謂情感是指那些伴隨有愉快和痛苦的許多感覺；所謂潛能是指我們藉以感受這些情感的能力；所謂品質是指我們藉以對付這些情感的那些東西。美德既不是情感也不是潛能，乃是品質。換句話說，任何一種東西的美德，都是既使這個東西處於良好狀態中，又使這個東西的工作做得很好。這種良好的性格狀態就是「中庸之道」、「適度」。他指出：人們的行為有過度、不及和中間三種狀況，其中過度和不及是一種失敗的形式，只有中間才是成功的形式，才是美德。可見，亞里斯多德提的「中庸」就是對任何事物的態度和行為要有一種適度。

　　依據中庸的道德原則，亞里斯多德對人們的具體道德行為進行了詳盡的討論。他指出，逃避和害怕每一樣事物的人是一個懦夫；反之，不顧任何危險的人是魯莽。勇敢的美德就是在懦夫和魯莽之間。貪享每一種歡樂，在任何歡樂之前不止步的人是縱情無度；反之，避開一切歡樂的人是麻木不仁。節制的美德就是在縱情無度和麻木不仁之間。把自己能力估計過高的人謂之自大；反之，把自己能力看得太低的人謂之自卑。自尊的美德就是在自大和自卑之間。遇事不稱心如意不加考慮就勃然發怒者稱為暴躁；反之，遇事無感情和無苦樂之感覺者稱為萎靡。和藹的美德就是在暴躁和萎靡之間。不考慮別人只為了自己者謂之自私自利；反之，對自己毫無考慮者謂之自我否定。友愛的美德是在自私自利和自我否定之間。

　　亞里斯多德在這部著作中還討論了人們如何獲得美德的途徑。在他看來，美德有兩種：理智方面的美德和倫理方面的美德。理智方面的大多數是由教導而生成、培養起來的，需要經驗和時間；倫理方面的則由風俗習慣薰陶出來的。因此，人們的美德不是自然生成的，不是天賦的，因為沒有一種自然存在的東西能夠被習慣改變。這就是說，人們要獲得和掌握中庸的道德行為和標準，應靠後天的實踐和訓練，正如一個人由於從事建築而成為建築家，由於彈琴而成為彈琴家一樣，我們也是由於行為公正而成為公正的，由於行為有節制而成為節制的，由於行為勇敢而成為勇敢的。反之，有人之所以變得懦弱或縱情無度，都是由於在相應的情況和環境中，以這樣或那樣的行為所養成的。「總的說來，品質是來自相應的現實活動。所以，一定要十分重

視現實活動的性質。品質正是以現實活動的性質來決定的。從小就養成這樣還是那樣的習慣不是件小事情；恰恰相反，它非常重要，比一切都重要。」（《尼各馬科倫理學》）

亞里斯多德在這部著作中還提出了人的最大的幸福是理性上的沉思的論斷。根據他的看法，各種具體道德行為雖然也是一種幸福，但不如理性沉思生活的幸福好。幸福和理性沉思是並存的，人們的理性沉思越大，其幸福就越多。具體道德行為和感情是不可分離的，而且道德行為必須有一種動機作為條件，故其德性並非神聖的；而理性沉思，其幸福與感情毫無關係，它也不需要動機為條件，除了本身之外，並無別的需求。理性「是思辨活動，它在自身之外別無目的追求，它有著本身固有的快樂（這種快樂加強了這種活動），有著人所可能有的自足、閒暇、孜孜不倦」（《尼各馬科倫理學》）。例如：哲學智慧的活動就是理性沉思，它是所有美德活動中最愉快的，這種愉快因其純粹和持久而更可貴。

亞里斯多德以人是政治的動物的論斷為依據，提出了將理性沉思作為人們的最大幸福。人和其他動物的不同，就在於人是理性的。對於人，符合理性的生活就是最好的和最愉快的，因為理性比任何其他的東西更能體現人的本質。禽獸沒有理性沉思，故禽獸無所謂幸福。一個人的行為受理性指導，發揮其理性沉思，就最為神所愛，所以也就是最大的幸福。這些論述表現了亞里斯多德倫理觀中的神祕主義色彩。

▌二、倫理學與形上學

亞里斯多德的倫理學與形上學是相互對應的，但是其倫理學是建立在希臘時代學者、政治人士和社會上層的流行看法之上的，所以與形上學有許多不一致的地方，他的倫理學建立了一道「中庸」思想。

亞里斯多德的倫理學與其形上學互相對應。形上學本質上是一種樂觀的宇宙信仰，相信目的因的重要性，認為變化總體上來說預示著物質的不斷增多，世界的不斷擴大。但亞里斯多德的倫理學卻是一種實證學說，是建立在

當時人們理智接受之內的對常識的觀察上的，這一點是與他的形上學有不相一致的地方。

以希臘時代學者、政治人士和社會大多數上流階級的普遍看法為基礎，亞里斯多德建立了自己的倫理學。它的作用是使循規蹈矩的公民都可以在其間尋找到有關於自身的一套合乎平凡的處世方略，此即「中庸」思想。

亞里斯多德在《尼各馬科倫理學》中認為，「至善」是思維占據靈魂，並使之感受到幸福。他同時也肯定了柏拉圖在《菲利布篇》中所謂的靈魂分為理性與非理性兩部分的說法，同時相對於人類的理性靈魂，又把非理性的部分分為植物性（生長的，或稱營養的）和動物性（嗜欲的，或稱感覺的）。在古希臘時代，對於理性的探索並沒有出現上述的情形，而正是這種神聖的不知滿足的精神，構成了西方以後幾千年來的潛能，它瀰散於各種科學、社會學之中，在諸多門類的文化中測試出了它的效力，成為每個偉大人物最後的皈依所在。在那個時代，創立理性的標準並沒有像以後那樣只是從形上學的觀點中引出一些典據就可以了，關鍵一點就是如何把它作為普遍之物而不是特殊之物，否則將永遠陷於偶然的窠臼不能自拔。

▌三、理智與道德

亞里斯多德在此承襲了柏拉圖的衣缽，認為美好的事物和幸福源於理性。在論及「道德」時，「理性」則轉變為「理智」，他認為「理智與道德構成了靈魂的主體部分。而靈魂越美好，則越與理性接近，進而接近神。

亞里斯多德認為，靈魂的主體由理智與道德兩種德行構成。理智是透過教學得來的，道德則來源於習慣，城邦立法的任務之一就是透過塑造善良的習慣使公民向善。所謂正直，是當道德衰落的時候，才開始出現的與「非善」的衝突，政客們轉而去維護社會的傳統，卻忽視了由於民眾做了正直的行為才成為正直的，由此推之於其他的德行，社會的進步、道德的鞏固並不在法制，而在公民自覺的正直行為。這幾乎是最早的公民意識的宣講，但亞里斯多德同時也認為，正直的行為是出於被迫而屈從於善良的習慣，是為形勢做出的改變，至於人們從善良中發現快樂，完全是另一回事。

這種依賴性說明，道德的存在顯然存在著雙重性質。亞里斯多德認為，「道德是性格的必然，一個性格好的人，其道德水準自然就高」。對於性格和道德，他定義為「不是天生具有的，而是後天養成的」。人本身作為一種實體，肉體是質料，靈魂是形式，出生以來便具有各種潛能，透過後天的經歷培養他的性格和道德。所以，潛能便是性格和道德的基礎，人誕生以來，由於從事活動，接受鍛鍊而逐漸養成習慣和品行。例如在交往中，有的人待人公正，有的人待人偏頗，這就形成了兩種相反的性格；在突發事件中，人們當中存在著勇敢和怯懦兩種表現，由此，久而久之，人們所依從的行為便成為了他的定性。經常性地重複某種行動，就會把它當作固定的心理感性收集起來，這便是習慣。所謂「性格和道德」，都是習慣的繼續延伸。當人具有理性的時候，理性便會造成指導心靈感應的作用，限制壞習慣的發揮。理性越大，道德越顯著，所以，當將「理性道德」看作為一種幸福的源泉力量時，就可以認識到它在本質上是靜態的活動，能產生出完美的道德。

與柏拉圖一致，亞里斯多德也把理性稱為最美好的事物和幸福的來源。善於培養理性的人，心靈也必處於美好的狀態，與神最為接近。

近幾年來，對人本身的研究取得了更輝煌、更卓越的成績，心理學家的學術報告更是讓人嘆為觀止。這一方面顯示出，理性經常有不能自圓其說的種種原因；另一方面，人性中的確存在著動物性行為的因素，其中歐文·沙比爾博士的實驗已經為人熟知。把海鷗的蛋從山崖上的巢穴中移走，牠們會找遍附近的鳥巢，把其牠鳥類的蛋、連同橢圓的堅硬的東西一併放在巢穴裡孵化。人類也存在著類似的現象，父母走失了兒童，喜歡去領養一個和自己相近的孩子，並收集一切相關的東西。可見，呼喚理性幾千年的人類在很多時候也是背棄理性的。

▌四、中庸哲學

中庸哲學是亞里斯多德倫理學的核心部分，也是其思想中為人熟知的部分，中庸哲學具體說來是「道德中間法」（More），這類似於儒家的「中正」

思想。在具體實踐上，亞里斯多德的「中庸」哲學為中古近古的倫理提供了可實行的模本。

中庸哲學是亞里斯多德哲學的重要部分。它被莫爾（More）稱為「道德中間法」的學說，認為值得稱道的德行都是兩種極端做法的中間道，極端的做法就是罪惡。

許多事物存在著中間狀態，例如：磊落是放浪和猥瑣的中間道，勇敢是卑怯和魯莽的中間道，大度是挾私和粗疏的中間道，聰敏是刁鑽和粗魯的中間道，不卑不亢是虛榮與卑賤的中間道。近代平等的觀念在很大程度是因襲了亞里斯多德的說法，即平等是集權和自立的中間道。這是不同於近代的見解，而主要是以奴隸制下的貴族道德為標準。在近代人權理論中所公認的是，大凡是人，就被自然地授予了平等的權利，平等、博愛、自由被看作是正義的三部分。在廣泛的正義概念裡，也包含著平等的意義，這和亞里斯多德的說法有一些矛盾，他認為只有當某些時候，平等才等於正義。

亞里斯多德在深層上把正義和平等分為前後、上下、大小，例如：奴隸主與奴隸之間的正義是上下正義，他們並不在一個層次上。一個人所選擇的道德和情感首先必須符合他的身分，這將是正義的重要方面，善良和機智是不應該出現在奴隸階層的人身上，他們受壓迫的地位決定了他們一定是對現實表示仇恨的人；非希臘人是不能被稱為正直和有文化的，因為他們天生缺乏教養；另外婦女是不應該表現出勇敢和能言善辯的品質的，兒童也不應該獨立處理問題，老人在宗族中的地位是最高的，一個正常的性格應該在一生中保持最大限度的一致。

符合身分的正義還有先後之分，如：父子之間，父親可以拋棄兒子，但兒子則無權不侍奉父親。因為父親為兒子的付出遠遠大於兒子為父親的付出。這種「不平等」的付出在夫妻、君臣、父子之間也存在，類似於中國古代的「三綱五常」。其間的不平等就是一種正義，每個人所施與的愛和正直，要與他的地位（他在社會中所實現的「價值」）相等，在上位的人所得到的愛與關懷要超過在下位的人。在婚姻結成的關係中，「男人依照他的價值，照管好自己的家庭，一個稱職的男人是不恥做照管家庭的事，因為這些都是女

人們分內的事……如果女人僭越了她的職稱去管男人分內的事，就應當遭到申斥了。」這樣的情形可以看作是對造成男女在財產分配、社會地位的不平等狀況的解說。因此，接受亞里斯多德的倫理學，就意味著接受一種不平等，而這幾乎是與近代思想背離的。

亞里斯多德在道德具體的實踐上為中古、近代的倫理標準提供了實行的範本。他點明道德的本質意義在於「使所受者節制自身言行，遵循正直之道」。另外，道德家必須做到三個方面，才能在做每件事時都保證恪守道德標準：首先，必須知道這是一件什麼樣的事，以及事件的性質、目的、意義；其次，知道做事前深思熟慮，不要有其他的考慮；再次，對已經著手的事不要瞻前顧後，要有貫徹始終的思想來支持行動。

五、個人修養與恢弘大度

在亞里斯多德的中庸哲學中，最為著名的是關於個人修養的一段文字，他提到「恢宏大度」似乎是一切德行的「冠冕」，並對恢宏大度的人進行高度讚揚，對其行為進行具體描述。雖然他的「恢宏大度」的人在現實生活中不多，但其理論影響卻很大。

關於個人修養一段文字，是亞里斯多德中庸哲學中最著名的。

「恢宏大度的人既然所值最多，所以就必定是最高度的善，因為較好的人總是所值較高，而最好的人則所值最高。因此，真正恢宏大度的人必定是善良的。各種德行上的偉大似乎就是恢宏大度的人的特徵。逃避危難、袖手旁觀、或者傷害別人，這都是與一個恢宏大度的人最不相稱的事為什麼要去做不光彩的行為呢？所以，恢宏大度似乎是一切德行的一種冠冕，因為是它才使得一切德行更加偉大，而沒有一切德行也就不會有它。所以真正做到恢宏大度是很困難的，因為沒有性格的高貴與善良，恢宏大度就是不可能的。因而，恢宏大度的人所關懷的，主要的就是榮譽與不榮譽；並且對於那些偉大的、並由善良的人所賦給他的榮譽，他會適當地感到高興，認為這是在得到自己的所值，或者甚至是低於自己的所值；因為沒有一種榮譽是能夠配得上完美的德行的，但既然再沒有別的更偉大的東西可以加之於他，於是他也

就終將接受這種榮譽；然而從隨便一個人那裡以及根據猥瑣的理由而得的榮譽，他是要完全加以鄙視的，因為這種榮譽是配他不上的，並且對不榮譽也同樣是如此，因為那對他是不公正的……為了榮譽的緣故，權勢和財富是可以成為願望的；並且對他來說，甚至連榮譽也是一件小事，其他的一切就更是小事了。因而，恢宏大度的人被人認為是蔑視一切的……恢宏大度的人並不去冒無謂的危險……但是他敢於面臨重大的危險，他處於危險的時候，可以不惜自己的生命，他知道在某些情形之下，是值得以生命為代價的。他是那種施忠於人的人，但是他卻恥於受人之惠；因為前者是優異的人的標誌，而後者則是低劣的人的標誌。他常常以更大的恩惠報答別人；這樣，原來的施惠者除了得到報償以外，還會有負於他……恢宏大度的人的標誌是不要求或者幾乎不要求任何東西，而且是隨時準備著幫助別人，並且對享有高位的人不失其莊嚴，對那些中等階級的人也不倨傲；因為要高出前一種人乃是一椿難能可貴的事，但是對於後一種人便很容易，意態高昂地凌慢前一種人並不是教養很壞的標誌，但是若對於卑微的人們也如此，那就正像是向弱者炫耀力量一樣地庸俗了……他又必須是愛憎鮮明的，因為將自己的感情隱蔽起來——也就是關懷真理遠不如關懷別人的想法如何——乃是懦夫的一部分……他盡情地議論，因為他鄙夷一切，並且他總是說真話的，除非是當他在對庸俗的人說諷刺話的時候。……而且他也不能隨便讚美。因為比起其他來，沒有什麼是顯得重大的……他也不是一個說長道短的人，因為既然他不想受人讚揚也不想指責別人，所以他就既不談論自己也不談論別人……他是一個寧願要美好但無利可圖的東西，而不願要有利可圖又能實用的東西的人。……此外，應該認為徐行緩步對於一個恢宏大度的人是相稱的，還有語調深沉以及談吐平穩……恢宏大度的人便是這樣；不及於此的人就不免卑躬過度，而有過於此的人則不免浮華不實。」

上述所提到的人，現實生活中並不常見。但這種思維方式卻至少影響了歌德、尼采等一系列倫理道德家。在他們的文章中，讀者往往迷惑於所謂「第一形象」、「偉大的自我」，卻沒有看到亞里斯多德的「恢弘大度的人」大倫理起源上的投射作用，因為前者幾乎都是後者的重複描述。

▋六、至高無上的德行

亞里斯多德認為，既然存在「廣泛道德水準」，與之相對的也必然有「至高無上的德行」，他認為這只能屬於少數居於高位的人。這種觀點被後代基督教哲學家秉承下來，「一個人不識字不會遭到恥笑，但卻因他的粗魯無禮而笑倒全城。」

亞里斯多德認為，社會道德中存在哲學所講的「廣泛道德水準」，社會道德水準是完備且令人滿意的。

亞里斯多德的政治學投影是其倫理學最先提到的。在講求禮讓的道德時，亞里斯多德認為，最好的社會體制可以相應地解決倫理問題，例如：它可以良好地要求在社會內部按照地位完成分配上的事：地位高的理應占有最好的東西，地位低的就必須滿足於次的物品，這是根據他們為城邦所貢獻的大小決定的。

蘇格拉底在柏拉圖的《申辯篇》中為其代言道：「先知說，『我從未見過一個正直的人去討飯』。」而亞里斯多德則認為，行善之人的所得必定與他的德行相符，既不會過多，也不至於稀少。換句話說，窮人和富人都是由於德行上有所缺陷，因此得到了與生命並不相配的財富。這必定是荒謬的，因為這顯然是用收入去衡量德行這種東西。

亞里斯多德在《倫理學》中論述了少數居於高位的人具有的「至高無上的德行」。如何才是一個有德者呢？有德者的意義在哪裡呢？亞里斯多德說：「道德的意義在於施與行為者有理性的行為，它的可貴之處是選擇了一種有意識的生活方法，並於可能的途徑中選擇更為恰當的目標。」他所著眼的是「意志」、「目的」的字眼；在這一點上，後來的基督教哲學家們是秉承下來的，「一個人不識字不會遭到恥笑，但卻會因他的粗魯無禮而笑倒全城」（馬丁‧路德）。一個聰明敏銳的人，一個學識淵博的人，一個居於高位的人，一個財產豐厚的人，都不如一個有道德的人更值得讓人尊敬。在極端的基督教傳說裡，命運之神隨時準備兩條可選擇的路，一條是正確，一條便會引向

罪惡。有德者會依照心靈的指引走向善的彼岸，所以德行是最好的抵抗魔鬼誘惑的工具，它的功用不是其他方式所能比擬的。

亞里斯多德把道德看作是獲得幸福（至善）的手段，並且它像柏拉圖所說的能夠「獲得哲學所帶來的洞見的快樂」。具體來說，在亞里斯多德的理論中，德行包含著雙重意義：首先它是實現幸福的手段，是關乎實現的要義；在另一種意義裡，它又是行為的一個內容。這樣，亞里斯多德就闡述出兩種德行的涵義：理智的德行和行為的德行，前者是目的，而後者是手段。但基督教的觀點認為，美德、善行本身是最美的，它超越了善行的後果，當善行需要去定位為快樂的時候，大部分人願意把它稱為「美德」。這就說明，如果按照亞里斯多德的觀點，快樂是善的目的，而美德是實現善的主要手段，那麼，德行必然有超出其本身的意義，這便和後來基督教的定義相似了。

▋七、選擇是德性所固有的

亞里斯多德認為，選擇是由一個人的本性決定的，它不屬於非理性，不是意圖、不是意見。但選擇是自願的，由此，我們可以從中看到一個人的德性，一些人選擇做惡事，也正是基於他本性的原因。

在亞里斯多德看來，選擇比行為更能判斷習性，它為德性所固有。選擇是自願的，但兩者並不等同。自願的意義更廣一些。兒童和其他動物都可以自願活動，但不能選擇。還有那些突發的行為，我們可以說是自願的，但並不是選擇。有些人把選擇等同於慾望、激情、意圖以及某種意見，看來都是不對的。

選擇不同於慾望、激情，它不屬於非理性的東西。那些不能自制的人按照慾望來行動，但不能選擇。有自制能力的人則相反，進行選擇，卻不憑慾望。慾望和選擇相反，慾望卻不和慾望相反。慾望可以是快樂的，也可以是痛苦的。選擇則既不是痛苦的，也不是快樂的。激情就更差些，出於激情的事情和選擇對象相距甚遠。

選擇和意圖相近，但並不相同。選擇不是非對不可能的事情的選擇，若有人說他對不可能的事情作出了選擇，那就是個白痴。意圖則可針對不可能的東西，例如不死。意圖是對於絕非由自身而得的東西。選擇則不能這樣，只能選擇那些他認為透過自己的活動可以發生的事情。此外，意圖更多是對目的，而選擇則是怎樣達到目的。例如：我們意圖得到健康，選擇則是透過什麼辦法達到健康。我們意圖幸福並且也可以這樣說，但說我們選擇幸福就不妥當了。總之，選擇總是對於我們力所能及的事情。

選擇也不等同於意見。意見是關於一切的，它既可是關於我們力所能及的東西，也可是關於永恆的和不可能的東西。意見只有真和假、對和錯的區別，而沒有善與惡的區別，而選擇卻更多地在這方面有區別。所以總的說來，似乎沒有人把它看作和意見是一樣的。它也不是某一種意見，透過善與惡的選擇，使我們成為什麼樣的人，意見則不能。我們選擇的是對某一事物的取得還是迴避。意見則是對某物是什麼或者它對什麼有利，或者以什麼方式。意見不大過問去取得還是去迴避。人們由於選擇應該的事情而被稱讚，遠勝於正確地選擇，意見則是對似以為真的事情。我們選擇那些我們知其為善的東西，意見則對那些並不全知道的東西。人們認為最善於選擇的人並不是那些善於發表意見的人。而有些人善於發表意見，但由於邪惡卻選擇了所不應該的事情。至於意見是否先於選擇而生成，還是兩者相併而行，這並不重要，亞里斯多德所探討的不是這個問題，而是選擇是否就是某種意見。

並不是一切自願行為都是選擇，但選擇一定是自願的。

▋八、考慮是達到目的的手段

策劃是與選擇相關的，策劃的對象也就是選擇的對象。我們策劃的是我們選擇事物的途徑，而不是這個選擇的目的。策劃必須依事實而行，遇到不可能的事，就應放棄。所以，策劃等於考慮，它不是目的。

策劃等於考慮。人們是在策劃一切，還是一切都在策劃之內呢？又或是有些事情不成為策劃的對象？亞里斯多德所說的策劃對象，似乎並不包括瘋狂人和痴呆人所策劃的事情，而只包括有理智的人。沒有人去策劃永恆的東

西，例如去策劃宇宙，或者正方形的對角線和邊之間的不可通約；也不策劃以不同方式出現的東西，例如陣風和驟雨；也不去策劃偶然的東西，如掘園而得寶。他指出人能策劃和決定的只是自己力所能及、行所能達的事情。每個人所策劃的都是透過自己行為所能達到的東西，並不是對科學的嚴格和自足加以考慮，例如對文法（因為絕大多數人對字母的拼寫並不懷疑）。

人們策劃的是與自己密切相關的事物，而不是一成不變的事情，例如關於醫療上、經商上的事情。人們對技術的策劃多於科學，因為技術的疑難更多。人們策劃的是那些大多如此，其後果不可預見的事情。對於那些重大的事情，亞里斯多德認為，當我們不敢相信自己能作出充分的決斷時，就應約請其他的人來作參謀共同策劃。

人們策劃的是如何達到目的，而非目的本身。一個醫生並不策劃健康是怎麼回事，一個演說家並不策劃說服是怎麼回事，一個好的政治家並不策劃好法律的制定，其他人也不進行關於目的的策劃。策劃是樹立一個目的之後，去探求怎樣和透過什麼手段來達到目的。

如若出現了多種手段，那就要尋求透過哪種手段更容易、更有把握。

如果有的事情不可能實現，那就要放棄。例如：需要錢卻得不到錢，可能的話，則去做。而所謂可能的，就是說那些事情由我們而生成，由我們的親友在某種意義上也是由我們，因為本原和始點總是在我們這裡。人們所尋求的，有時是工具，有時是如何利用這些工具。策劃就是對自身行為的策劃。各種行為都是為了他物，所以，策劃的並不是目的，而是那些達到目的的東西。也用不著去策劃那些個別的事物，例如這是不是塊餅？是否按應該的樣子烘出來？這是感覺的事情。

策劃的對象也是選擇的對象。選擇的對象若經過了規定，則它已經被策劃。一個人如果把行為的始點歸於自身，並成為自身的主導部分，那麼也就用不著去尋找行為的方式了。既然選擇的是我們透過策劃所期求的對象，那麼，選擇也就是我們經過策劃的、力所能及的期求。

九、願望是有目的的

　　願望與善相關，有的人的願望是真正的善，而另一些人的願望則是顯得善。真正的善都是合乎真理的願望對象，而顯得善則不是如此。

　　願望因人而異，有的人的願望是顯得善，有些人則是真正的善。然而，那些說他們所願望的是真正的善的人，如若不能正確選擇，則可能事與願違。那些說他們以顯得善的為對象的人，並不是以事物的本性為對象，而是以對個別人所顯現的為對象，所以也就因人而異了。

　　概括亞里斯多德的觀點即是，與真理一致的願望是真正的善，而其他的則為顯得善。對那些真誠的人，願望總是合乎真理的，對那些拙劣之人只能碰機會。對身體也是這樣，那些體質好的人，凡是有益的食品都能真正增進健康，那些體質差的人則需要不同的食品，苦的、甜的、熱的、硬的等其他各不相同的事物。因為每個真誠的人的判斷都是正確的，每件事物中真理都向他顯現。每一品質都有自己的高尚與快樂，而最大的區別似乎就是真誠的人能在每一事物中看到真理。所以，他們就是準繩和尺度。許多人似乎是被快樂引入歧途，在他們看來是善的，其實並不是。人們都把快樂當作善來選擇，把痛苦當作惡來迴避。

十、勇敢就是恐懼與魯莽之間的中道

　　談到勇敢，我們會想到「怯懦」、「恐懼」之類的詞彙。對於勇敢的人，我們總是讚揚有加，真正勇敢的人是臨危不懼的、堅忍不拔的。對於那些「怯懦」、「魯莽」的人來說，他們沒有勇氣，往往對事實認識不清。亞里斯多德將勇敢分為五種形式：政治上的勇敢、知識、激情、樂觀、無知。而真正勇敢的意義在於忍受痛苦。

　　惡是我們所害怕的。恐懼可定義為對惡的預感。一切惡都是可怕的，例如恥辱、貧窮、疾病、孤獨和死亡。但勇敢似乎並不完全以這些事物為對象，有些事情是應該懼怕的，懼怕是高尚，不懼怕則是卑劣，例如恥辱，對恥辱懼怕的人是高尚的人和知恥的人，而不懼怕恥辱就是個無恥之徒了。

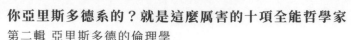

　　勇敢的人比常人表現得更加臨危不懼。在所有可怕的事情之中，死亡首當其衝。它是一個界限，對於死者來說，既沒有什麼善，也沒有什麼惡。那麼，在什麼樣的情況下才算勇敢呢？或是在最高尚的情況下嗎？那些在戰鬥中死亡的人，是勇敢的人。因為他們所經歷的危險是最偉大、最高尚的。所以，勇敢就是無畏地面對高尚的死亡，或生命的危險，而最偉大的冒險莫過於戰鬥。

　　堅忍不拔是勇敢的人應該具備的。他有時也害怕那些不超過忍受限度的事情，正如理性指令所應該的那樣，為了高尚的事業，這就是德性的目的。一個勇敢的人，怕他所應該怕的，堅持或害怕他所應該的目的，以應該的方式，在應該的時間。一個勇敢的人，要把握有利的時機，按照理性的指令而承受，而行動。一個勇敢的人，他的全部實現活動的目的，是與其品質相吻合的。對於勇敢的人來說，勇敢是高尚的，所以高尚就是目的。每個人都追求目的，勇敢的人為了高尚而堅持，而勇敢地行動。

　　魯莽是對一些本應可怕的事情而過度自信。一個魯莽的人被稱為牛皮匠，他做出一副勇敢的樣子，勇敢的人怎樣對待可怕的東西，他也顯得同樣對待，在這裡他只是做可能的模仿，所以他們大多數是既魯莽又怯懦。他們對可怕的東西雖然氣壯如牛，但卻不能堅定不移。

　　怯懦是過度的恐懼。他對不應該的對象，以不應該的方式，怕他所不應該怕的事情，以及諸如此類。他所缺乏的是堅強，最顯著的就是對痛苦的過度恐懼。怯懦的人是絕望的人，因為他無所不怕。勇敢的人則與此相反，因為堅定的信念就是美好的希望。

　　怯懦的、魯莽的和勇敢的，這三者都與同一對象相關，但品質卻各不相同。魯莽是過度的，怯懦是不及的，勇敢則恰得中間，做所應該的。魯莽的人橫衝直撞，渴望冒險，但真正危險到來，就逃之夭夭了。一個勇敢的人在事業上是精明的，處世是冷靜的。勇敢就是中道，它與那些促使人堅定和引起人恐懼的事情相關聯。自信和堅持是高尚的，否則是可恥的。為了逃避貧困、愛情和痛苦而去死，並不是勇敢，而更多是怯懦。

　　亞里斯多德將勇敢分為以下幾種方式：

1、政治上的勇敢。這也許是最大的勇敢。由於法律規定出獎勵和懲罰，為了榮譽，公民們便能夠在危險面前毫不動搖，因此是極其勇敢的，在這裡怯懦要受到懲罰，勇敢要得到獎勵。這樣的勇敢，由德性生成，由於羞恥之心而變得期求高尚的東西，期求得到榮譽，逃避懲罰。

2、勇敢與個別經驗相關。勇敢等於知識。這類勇敢在不同的情況下各不相同。　戰士的勇敢就表現在戰鬥之中。戰爭中有許多偽裝和詭詐，有的人能夠看穿這些偽詐，而被認為是勇敢的。他們有著精良的武器，既可進攻又可防守。像訓練有素的運動員對一個生手。但是，既使在這種情況下，最勇敢的戰士也不一定是最好的戰士，而是那些身體最強壯、技術最優良的人。

3、激情有時也被當作勇敢。在危險來臨的時候，激情有極大的衝擊力。所以荷馬說，「植力量於激情之中」，「喚起他的力量和激情」，「他滿腔怒火」或「熱血沸騰」等等。這一切都表示激情的作用和衝擊力。勇敢者的行為是由於他高尚，激情只起輔助作用。

4、樂觀不是勇敢。樂觀的人相信自己的強人，不會遭受失敗，喝醉了酒的人也能這樣，於是成為樂觀派。一旦事情不如所希望的那樣，他就逃跑了。勇敢的人則是在對人，或是在可怕的事情面前堅定不移，因為這樣做是高尚的，不這樣做是可恥的。所以，在突發災禍中臨危不懼，鎮定自若，公認比在預見的危難中這樣更為勇敢。因為這更多是由於當事人的品質，而不是由於有所準備。

5、無知人的勇敢與樂觀派相近。

總體而言，勇敢體現在對待忍耐與恐懼，以及可怕的事情之中。一個勇敢的人在可怕的事情中不動搖，抱著應有的態度，更甚忍耐的人。勇敢的意義就在於能忍受痛苦。一個勇敢的人，受到稱讚是公道的，因為甘受痛苦比迴避快樂要困難得多。一個勇敢的人也並非自願地去迎接死亡和傷害，然而對它們還是堅持，因為堅持是高尚的，否則是可恥的。一個人越全面地擁有德性，就越是幸福的，就越能感到死亡的痛苦，因為對這樣的人的生命是可貴的。他明知要失去最寶貴的東西，這是件痛苦的事情。但是在戰鬥中，他寧願選擇高尚而不是生命，他同樣是勇敢的。

▌十一、節制是快樂方面的中道

與節制相對的詞語為放縱，而放縱必然離不開慾望。有節制的人往往對慾望有所控制，但並不是全部節制。人們的慾望多種多樣，節制的形式也自然會很多。往往有節制的人討厭放縱的人喜歡的東西，他們的慾望應該與理性相一致。

什麼是快樂的節制？亞里斯多德首先對靈魂與肉體的快樂進行區分。例如愛榮譽，愛學習，每個人之所以愛這些東西，並非由於他的身體需要或者承受什麼，而是思想上的。人們對這些事的快樂，既說不上節制，也說不上放縱。對其他非肉體的快樂也是這樣。對於那些喜歡探索奧祕的人，喜歡奇聞軼事的人，或是終日閒談的人，我們只能說是胡侃，而不能說是放縱。同樣，因財產損失或親友亡故而悲痛，也不能說是放縱。

節制大致只對肉體而言，但並非對肉體的所有快樂都加以節制。例如那些喜歡視覺上的快樂的人們，如彩色、圖像和繪畫等，就說不上什麼節制和放縱，儘管可以說，對這種快樂也有應該的方式，有過度和不及。對於聽覺也是這樣，對過於喜歡聽音樂和表演的人，誰也不會說是放縱，也沒有什麼節制問題。除非在特殊情況下，對嗅覺也沒有什麼節制問題。我們不會說過於喜歡水果、玫瑰和其他香味的人為放縱。但把對佳餚香氣的喜歡稱為放縱，因為這種香氣會引起慾望對象的回憶。人們可以看到，有些人在饑餓的時候就喜歡食物的香氣，對這種氣味的喜歡就處於放縱的範圍之內，因為這是放縱的人的慾望對象。

亞里斯多德將慾望分為兩類，一種為所有人共有的，另一種為某些人身上獨有的。例如：對食物的慾望是自然的，沒有人不需要乾糧和流質的營養，有時是兩者都欲求，並非所有的慾望都是一樣的，這個人有這樣的慾望，那個人有那樣的慾望，而且不以同一事物為對象。慾望雖然因人而異，然而也還有著某種本性。

快樂的多樣性使人們對「快樂」的側重各不相同。所謂偏愛，即或者由於他們喜歡了所不應喜歡的東西，或者由於比多數人更加喜歡，或者以不應

該的方式。那些放縱的人通常在這所有三個方面都形成過度。有些人喜歡所不應喜歡的東西（那些可憎的東西），即使所喜歡的是應該喜歡的東西，但超過了應有限度或多數人，顯然，放縱是快樂上的過度，並且是個貶義詞。至於痛苦，人們不能像對勇敢那樣，而是把堅持稱為節制，把不能稱為放縱。對那些不能帶來快樂的事情感到不應有的痛苦的人才是放縱的（在他那裡，甚至快樂也造成痛苦）。一個節制的人不因失去快樂而痛苦，並且要避開快樂。

放縱的人對快樂有著極大的慾望，期求最大的快樂。他被慾望牽引著，以其他事物為代價，除了快樂別無所求。所以，在得不到快樂時他痛苦，求快樂的慾望也使他痛苦。慾望就伴隨著痛苦。固然，由於快樂而痛苦，這似乎是荒謬的。不要快樂，或少於他應得的快樂的人很少見，因為這種麻木不仁不合乎人性。

有節制的人與放縱的人相反，他們討厭放縱的人喜歡的東西。總的說來，他不喜歡所不應喜歡的東西，沒有東西使他過於喜歡。它不因失去這些東西而痛苦，對此也沒有慾望。在適度上，他不比所應該的更多，不在不應該的時候如此等等。對於那些能導致健康或幸運的、令人快樂的東西，他適度地追求，並且以應該的方式。對於那些使人快樂的東西，只要它們有益於健康和安寧，可以以應有的方式適度地追求，至於其他那些東西，只要不失這些原則，無損於高尚併力所能及，也是這樣。

放縱追求快樂，相對而言，怯懦逃避痛苦。一個是為人所選擇的，一個是為人所迴避的。痛苦使人身不由己，並摧毀其本性，快樂則沒有這樣的作用。所以放縱更多是自願的，應受到責備的。而養成放縱的習慣也更容易些，在生活中這類事情是很多的，那些習慣於此的人並不冒什麼危險，而對那些可怕的事情則完全相反了。人們認為，就個別而言，怯懦的自願程度是不相同的。怯懦自身並不痛苦，而那些做出怯懦之事的人，卻是由於痛苦而身不由己，如拋掉武器或其他可恥行為，這樣看來似乎是被強制的。放縱則恰恰相反，就個別人而言是自願的（是出於慾望和追求）。然而，整體說來，並不完全是這樣，因為誰也不願意成為放縱的人。

兒童行為表現了很多「放縱」的特點。兒童完全按慾望來生活，而慾望中最大的就是追求快樂。如若不服管教，背離原則，就要大大地膨脹起來。一個無知無識的人，對快樂的慾望是永不會滿足的，而且無所不及。而為滿足慾望所進行的實現活動更增強本性，而且在達到極其強烈程度的時候就壓倒了推理能力。因此，對快樂的追求應是適度的、少量的，並且絕不能與理性相背馳。如能這樣，亞里斯多德就說是有良好的教養和受制約的，正如一個孩子要按教師的教導生活那樣，慾望的部分也要按照理性生活。節制人的慾望部分應該與理性相一致。兩者都以高尚為目標。一個節制的人欲求應該的東西，以應該的方式，在應該的時間，這也正是理性的安排。

▌十二、公正是最完善的德性

「公正」是人們最「喜愛」的德性，他們把公正放於很高的位置。亞里斯多德認為，在各種德性中，唯有公正是關心他人的善。而不公正則體現在兩個方面，不守法和不公平。與之相對的公正則為守法和公平，人們一般將公正等同於公平，在不公平的時候，人們會訴諸第三者——法律。所以說，法律的裁判者體現著公平的原則。

亞里斯多德認為，公正在各種德性中是最主要的，它亮於星辰，集一切德性之大成。

公正由於是完滿德性的實行，所以成為最圓滿的德性。它之所以是完滿的德性，是由於有了這種德性，就能以德性對待他人，而不只是對待自身。有許多人以德性對待自己，對待他人則不能。畢亞斯說得好，「男子漢表現在領導之中」，因為一個領袖必定關心他人，並與他人一起在共同的事業之中。

公正是在所有德性中真正關心他人的善。因為它是與他人相關的，或是以領導者的身分，或是以同伴的身分造福於他人。不但敗壞自己，並且敗壞親友的人，是最邪惡的人。而最善良的人，是以德性對待自己，並且以德性對待他人的人。待人以德是困難的。所以，公正不是德性的一個部分，而是整個德性；同樣，不公正也不是邪惡的一部分，而是整個的邪惡。

　　不公正分為違法和不公平；公正分為守法和公平。按照以上所說，違法就是不公正。然而違法和不公平是相區別的，不是一回事，是部分對全體的關係。在這裡，亞里斯多德所說的是作為部分的公正，和作為部分的不公正。對公正和不公正的事情也是這樣。把作為德性整體的公正和不公正放在一邊，公正是應用於他物的德性整體，不公正則是邪惡的整體。大多數合法行為幾乎都出於德性整體，法律要求人們全部合乎德性而生活，並禁止各種邪惡之事。為教育人們去過共同生活所制定的法規就構成了德性的整體。至於人一般因之而變善良的個別教育，和作為一個完全的公民看來並非一回事。

　　人人都明白公正就是公平。如若公平至少是兩者的公平，那麼公正的事就必然或者是對某物和某人的中間和公平，或者是兩個相等者的公平，或者是某些事物的中間。公正事物必定至少有四項。兩個是對某些人的公正，兩個是在某些事情中的公正，並且對某些人和他們所有的事物兩者將是相等的。如若人們不相等，他們所有的事物也不相等，爭吵和怨恨就會產生。因為相等的人分得了不相等的事物，不相等的人反而分得了相等的事物。

　　亞里斯多德認為，公正在某種程度上是一種比例，不公正則違反了比例。在活動中經常出現過多或過少的狀況。不公正的人所占的多了，受不公正待遇的人所得的好處就少了。在惡事上恰恰相反，與大的惡相比，小的惡在道理上就可以是善。在選擇惡時寧小毋大，在選擇善時則越大越好。

　　人們往往在爭論不休時，訴諸裁判者。去找裁判者就是去找公正，裁判者被當做公正的化身。訴諸裁判者就是訴諸中間，人們有時把裁判者稱為中間人，也就是說，如果得到中間，就得到了公正。公正就是某種中間，所以裁判者也就是中間人。裁判者恢復了公平，正如對一條分割不均的線段，他從較大的線段取出超過一半的那一部分，增加到較短的線段上去，於是整條線就分割均勻了。這樣，人們就說得到了自己的一份，也就是說，得到了相等的一份。公平就是按照算數比例的大和小的中間。正因為如此，才把這樣的做法稱為公正。它是一種平分，所以有人把公正稱為平分，而稱裁判者為平分者、仲裁人。

一部人認為公正就是回報。但在很多情況下，回報和公正是有區別的。例如一個首領打了人，他就不應反過來要挨打。如果被打的是首領，那打人的人就不僅要挨打，還應該受懲罰。然而回報這種公正是共同交往的維繫，它是按照比例原則，而不是按照公平原則。要以怨報怨，若不然就要像奴隸般地受侮辱。要以德報德，若不然交往就不能出現。正是透過交往，人們才能相互溝通。以德報德是恩惠所固有的特點。不但他人的恩惠要回報，並且自己也要開始施惠於人。

比例關係構成了這種互惠。如果一個患者既不做他要做的事情，也不按質按量地忍受治療之苦，那就難免死亡。在兩個醫生之間並不溝通，而在醫生和農民之間，所以，在亞里斯多德看來，在不相同、不相等的東西之間才溝通，就應該使這些東西相對等。因此，凡是在交換中的東西，都應該在某種形式上相比較，為了作比較，人們發明了貨幣，它是作為中間物而出現的。它衡量一切，決定過度和不及。如若不是這樣，交換就不相通了。

某種單一的東西把事物連結起來，似乎就構成了需要。顯然，倘若不在雙方相互的，或單獨一方的需要推動下，也就不會有什麼交換。

如果現在沒有需要，而且將來存在這個需要，那麼貨幣則是對將來的一種保證，只要有貨幣，我們就能得到所需要的東西。貨幣的命運和其他東西一樣，它也不能永遠是相等的人，不過總期望更加持久些。由於一切物品都有一個定價，所以交換將是永遠的，從而溝通也將是永遠的。貨幣作為一種尺度，可將一切事物公約，並加以等價化。倘使不存在交換，也就不存在溝通；倘使不存在等價，也就沒有交換；倘使不存在公約物，也就沒有等價。

如果有的行為並非出於自願而作出不公正事情，那麼這個行為不算是不公正的行為。所謂自願就是一個人知道自己所做的事情，他的行為不是無知的，不是既不知道對象是什麼，也不知道所用的是什麼，所為的是什麼。例如別人拿著他的手去打另一個人，這不是出於自願，因為他不能自主。一個被打的人可能是他的父親，他只知道這裡有一個人，或在面前的人中的一個，但並不知是父親。還有許多出於自然的遭遇，我們行動著，承受著，明明知道卻說不上是自願，還是非自願，例如老化和死亡，某個人雖然不願，但由

於害怕而交付了贖金，這樣的行為既不應該說他做事公正，也不應該說是不公正。同樣，他若並非自願，而是被強迫著沒有交付贖金，那就應該說他做了不公正的事，或行為不公正。

有些人認為做不公正的事情在於自身，所以做公正的事也很簡單，但實際上並非如此。如與鄰婦同房、毆打夥伴、用手塞錢是容易的，應在於自身。然而形成做這類事情的習性卻是不容易的，不在於自身。與此相同，有些人認為，不需要智慧也能知道什麼是公正，什麼是不公正，因為對此法律已談過了，並不難理解。而對怎樣行事，怎樣分配才是公正，這一工作比知道怎樣恢復健康更難。

正是由於這樣的緣故，人們認為一個公正的人，同樣可以做不公正的事，因為公正的人也不可能有個別的不公正行為。一個勇敢的人，也難免拋棄甲冑，東奔西逃。

所以，亞里斯多德強調，做公正的事情必以自願為前提。一個人因為受到虐待而進行同樣的報復，這不能說是做了不公正的事。但是， 個人傷害自己，那麼他就同時既是個受害者又是個害人者。此外，一個人可能自願地受不公正的待遇。除此之外，除非有某種不公的事情，誰也不能說他做事不公正。一個人不能與自己的妻子通姦，不會打破自己的門進行掠劫，不會偷盜自己的財物。按照人是否自願地被不公正對待來分析，人是否會對待自己不公正的問題就迎刃而解了。

被不公正對待和不公正待人，都不是好事，這勿須證明。行事不公正總是壞事，因為行事不公正就要帶來邪惡和責備，或者一般的邪惡，或與此相近，而被不公正對待則並非邪惡和不公正。被不公正對待就其自身而言不是件什麼大的壞事，但這不是說它不會碰巧成為大的壞事，這是無法以技術來設想的。例如胸膜炎說來是比扭傷更嚴重的疾病，可是扭傷碰巧可能產生嚴重的後果，萬一由於扭傷跌倒而落入敵人之手，就會被殺害。

十三、探索真理的方式

真理的探尋過程與選擇有關，因為選擇往往決定了行動。人們從慾望走向真理，其中必然要經過思索和實踐。亞里斯多德對真理的探索提出了五種方式：（1）科學是對必然事物的判斷；（2）藝術是理性創造的品質；（3）明智是依理性而實踐的品質；（4）智慧既是理智也是科學；（5）明智和智慧不可或缺。

亞里斯多德認為，靈魂透過肯定和否定而探索真理的方式有五種，這就是：技術、科學、明智、智慧、理智。

慾望中有追求與迴避，類似於思考中有肯定和否定。倫理德性既然是一種選擇性的品質，而選擇又是一種經過策劃的慾望，這樣看來，如若選擇是一種真誠的選擇，那麼理性和慾望都應該是正確的。它既是一種肯定，也是一種追求。這樣的思考和真理是實踐的，至於思辨的思考，則不是實踐和創製的，真與假就是善與惡。而實踐和思考的真理要和正確慾望相一致。

選擇探索行為的序幕，運動也由此開始，但這並非目的始點。而慾望和有所為的理性則是選擇的始點，所以選擇既離不開理智的思考，也離不開倫理品質。因為，不論好行為還是壞行為，都是思考和習慣相結合的產物。思考自身不能使任何事物運動，而只有有所為的思考才是實踐性的，它也是創製活動的開始。一切創製者都是為了某種目的而創製。而被創製的事物的目的不是一般化的，它是行為的對象，良好的行為就是目的，它是慾望之所求。所以，選擇或是有慾望的理智，或是能思考的慾望，而人就是這種始點或本原。

以下即是亞里斯多德在《形上學》中提出的探索真理的五種方式：

1、科學是對必然事物的判斷

科學的意義是明顯為人所知的。科學地認識的東西是不可改變的，而可改變的東西既然處於思辨之外，那也就無法確定它們是不是科學的。只有出於必然的東西，才能被科學地認識，當然是永恆的東西。而凡是出於必然而存在的，當然就是永恆的。一般說來，出於必然的東西全部是永恆的，而永

恆的東西既不生成也不滅亡。此外，一切科學看來都是可傳授的，凡是能被科學地認識的東西都是可學習的。一切傳授都須從一個潛在的知識出發。有的要透過歸納，有的要透過演繹。而歸納所得到的東西是開始點和普遍者，演繹則從普遍出發。普遍是演繹由之出發的始點。它自身則不是來自演繹而是來自歸納。科學的品質是可證明的。因為只有在自己具有某種信念，對於始點知之甚明的時候，他才能有科學的知識。如若他所知的並不比結論更多，那麼，他所有的知識是偶然的。

2、藝術是理性創造的品質

實踐與創製並不相同，兩者所具有的理性品質不同，且兩者並不相互包容。實踐並不是創製，創製也不是實踐。營造就是一種技術，並且是依理性創製的技術，沒有一種技術不是依理性創製的品質。這種品質不存在，技術也就不存在。所以，技術和依真理性創造的品質是同一的。一切技術都和生成有關，而創製就是去思辨某種可能生成的東西怎樣生成。它可能存在，也可能不存在。這些事物的開始之點是在創製者中，而不在被創製物中。凡是由於必然而存在或生成的東西，都與技術無關，那些順乎自然的東西也是這樣，它們在自身內有著生成的始點。既然創製與實踐不同，那麼技術必然屬於創製的而不是實踐。所以在某種意義上說，技術就是巧遇。技術是一種以真正理性而創製的品質。

3、明智是依理性而實踐的品質

明智，是指善於策劃對自身的善以及有益的事，是整體的。例如：對於健康、強壯或是美好的生活有益。甚至對高尚目的善於計較的人，我們也稱之為明智的，這一事實也足以證明，因為這種目的不屬於技術。所以總的說來，一個明智的人就是善於策劃的人。

人們都是對自己有所作為的，可以改變的事物進行策劃。正如證明的科學，這些科學的始點或本原是可以改變的，不是證明的。人們不能策劃那些出於必然的事情，所以明智並不是科學，也不是技術。它之所以不是科學，是因為實踐的東西是可以改變的。它之所以不是技術，是因為技術和實踐種類不同。那麼，它就只能是關於人的善和惡的真正以理性而實踐的品質。明

智是一種德性而不是一種技術。在理性靈魂中存在著兩個部分，其中之一也有德性，即意見。意見是依從關於可變事物的，明智也是這樣。但不僅只一種理性的品質，意見品質是可被遺忘的，明智則忘不了就是證明。

4、智慧既是理智也是科學

在各種科學書，只有最精確的科學才可以稱為智慧，由此，那些技術最嫻熟的人被稱為有智慧的人。然而，一個智慧的人絕不可只知道由始點引出的事情，而要探求關於始點的真理。所以，智慧既是理智也是科學，在諸榮耀科學中它居於首位。

智慧和政治並不是一回事，假設把對自己有益的事都認為是智慧，智慧顯然就多了起來。所以就沒有對全部生物都善的單一智慧，而是各種不同的智慧，正如沒有對一切生物的單一醫術一樣。或者說，人優於其他生物，但這也並不兩樣。

對人的事情進行策劃才是明智。所以我們說，策劃良好就是明智的最大功用。誰也不會去策劃不可改變的東西：這些不是什麼目的，而是去策劃可行的善。總而言之，一個善於策劃的人，須經過核計而獲得對人最大的善。明智不只是對普遍的知識，而應該通曉個別事物。從而，一個沒有知識的人，可以比有知識的人做得更出色，特別是在其他那些有經驗的人中。

5、明智和智慧的作用

智慧不考察人的幸福構成狀況。明智倒是與此相關，然而我們為什麼需要它呢？如若明智是關於使人公正、高尚和善良的事情，這些都是一個善良人的實踐。即使我們知道了，也未必做得更好些。如若德性即是品質，這正如健康和強壯都不是由知識造成而是來自品質。那麼，即使具有醫學知識、體育知識，我們也並不因此做得更好些。如若說明智雖無助於這些事情，而是生成善良的人，那麼，它就不但對於那些真誠的人無用，就是對於那些不真誠的人也無用處。因為，自身明智與聽從其他明智的勸告全無區別。我們在健康方面所處的狀況也正是這樣，雖然我們並不懂醫學，然而卻期望健康。此外，這似乎荒唐，被認為低於智慧的明智，地位反而比智慧更重要些，那

也就是說製作者主宰著個別事物並發號施令。德性確定正確的目標，明智則使它們達到目標。

有一種能夠為目標不斷努力並達到目標的潛能，人們稱之為聰明的潛能。如果目標是高尚的，那就要受到獎賞；如若是卑鄙的，就要受到懲罰。所以，我們把明智的人和惡棍都稱為聰明。明智雖然不是一種潛能，但卻不可沒有這種潛能。由以上所說，就可清楚，如若沒有德性，那麼對靈魂的眼睛這種品質就不能生成。實踐活動的演繹也具有始點，這就是某種目的和最高貴的。然而，如果不存在善良的人，這也就無從顯現。因為惡意會造成歪曲，使那些行為的始點成為虛假的。所以顯而易見，如若不善良也就沒有明智。

▌十四、道德形成於習慣

道德德性可不同於自然造就的東西，它可以透過習慣養成。道德德性屬於德性的一種，而德性的養成既不是出於自然，也不會與自然悖逆。我們透過自己的潛能可以獲得德性，如我們透過做公正的事成為公正的人，透過節制成為節制的人。

亞里斯多德將德性分為理智德性和道德德性兩種。理智德性主要透過教導而發生和發展，所以需要經驗和時間。道德德性則透過習慣養成，因此它的名字「道德的」也是從「習慣」這個詞演變而來的。由此可見，亞里斯多德所謂的所有道德德性都不是由自然在我們身上造成的。因為，由自然造就的東西不可能由習慣改變。例如：石頭的本性是向下落，它不可能透過訓練形成上升的習慣，即使把它向上拋千萬次。火也不可能被訓練得向下落。出於本性而按一種方式運動的事物都不可能被訓練得以另一種方式運動。

所以，依據亞里斯多德的觀點，德性在我們身上的養成既不是出於自然，也不是反乎於自然的。首先，自然賦予我們接受德性的能力，而這種能力透過習慣而完善。其次，自然饋贈我們的所有能力都是先以潛能形式為我們所獲得，然後才表現在我們的活動中但是德性卻不同：我們先運用它們而後才獲得它們。這就像技藝的情形一樣。對於要學習才能會做的事情，我們是透過那些學會後所應當做的事來學的。比如，我們透過造房子而成為建築師，

透過彈奏豎琴而成為豎琴手。同樣，我們透過做公正的事成為公正的人，透過節制成為節制的人，透過做事勇敢成為勇敢的人。第三，德性因何原因和手段而養成，也因何原因和手段而毀喪。這也正如技藝的情形一樣。好琴師與壞琴師都出於操琴。建築師及其他技匠的情形也是如此。優秀的建築師出於好的建造活動，蹩腳的建築師則出於壞的建造活動。若非如此，就不需要有人教授這些技藝了，每個人也就天生是一個好或壞的技匠了。

在亞里斯多德看來，德性的情形也是這樣。「正是透過跟我們同邦人的交往，有人成為公正的人，有人成為不公正的人。正是由於在危境中的行為不同和所形成的習慣不同，有人成為勇敢的人，有人成為懦夫。慾望與怒氣也是這樣。正是由於在具體情境中以這種或那種方式行動，有人變得節制而溫和，有人變得放縱而慍怒。」

亞里斯多德的話簡單來說，就是一個人的實現活動怎樣，他的品質也就怎麼樣。所以，我們應當重視實現活動的性質，因為我們是怎樣的就取決於我們的實現活動的性質。從小養成這樣的習慣還是那樣的習慣絕不是小事。正相反，它非常重要，甚至說，它最重要。

▍十五、慷慨是財富方面的適度

慷慨的人為人所喜愛，他們不喜歡索取而喜歡給予。而揮霍的人則與之不同，他們往往給予過度，過度浪費自己的財物。一個揮霍的人是某種形式上的自我毀滅。揮霍的對立面為吝嗇。吝嗇是在給予上不足，在獲取上過度。

亞里斯多德所謂的慷慨和我們印象中的慷慨大體上是相同的，即慷慨都是就某個人給予和接受的行為，尤其是給予的行為而言的。所謂財物，即指可以用錢來衡量其價值的東西。揮霍和吝嗇是財物方面的過度與不及。吝嗇這個詞，人們通常用來說那些把財物看得過重的人，可是人們對揮霍這個詞的用法有時要複雜些。因為人們也稱那些不能自制、花錢鋪張的人揮霍。所以揮霍被認為是特別惡劣的品質，因為它集中了幾種不同的惡。因為一個揮霍的人指的是一個有某種專門的惡的人，這種惡就是浪費他的財物。一個揮霍的人是一個由於自己的過錯而在自我毀滅的人。浪費財物就是毀滅自己

的一種方式，因為財物是生活的手段。對有用的事物，既可以使用得好，也可以使用得很壞。而財物就是有用的事物。對一種事物能夠作最好的使用的人，也就是具有同那種事物有關的德性的人。所以，對財物使用得最好的人是具有處理財物的德性的人，即慷慨的人。花錢和把錢物給予他人似乎同對財物的使用有關，得到錢物和保持錢物似乎同對財物的占有有關。

亞里斯多德認為，慷慨的人的特徵主要是在於把財物給予適當的人，而不是從適當的人那裡或不從不適當的人那裡得到財物。因為首先，德性是在於行善而不是受到善的對待，在於舉止高尚而不只是避免做卑賤的事情。而行善和舉止高尚也就是給予。其次，人們感謝的是給予者而不是不去接受饋贈的人。第三，不索取比給予要容易些，因為人們寧願不取於人也不願捨棄己之所有。第四，我們稱讚給予者是因他慷慨，稱讚那些不索取的人則是因他們公正而不是慷慨。對那些索取的人，我們則根本不稱讚。在所有有德性的人中，慷慨的人似乎最受歡迎。因為他們對他人有助益，而他們的益處就在於他們的給予。

注重品質而不注重財物的亞里斯多德十分清楚，慷慨的人一般都不富有。因為他不喜歡索取和保存而喜歡給予。而且，他看重財富不是因財富本身，而是因財富是給予的手段。所以人們譴責命運，說最應富有的人反而最不富有。但是這其實又很正常。但是，慷慨的人並不把財物給予不適當的人，或是在不適當的時間給予等等。因為如果那樣做，他就不是在做慷慨的事情，也將沒有財物可以給予適當的人了。

一個慷慨的人會因某種不正確、不高尚的消費方式而感到痛苦。但是，這會是一種溫和的、正確的痛苦。因為，對該愉悅的事物愉悅、對該痛苦的事物痛苦，並且以適當的方式，是有德性的人的特點。而且，慷慨的人由於在錢財上較好說話，也容易上當。因為，由於不看重錢財，錢要是沒花到應當的數量，他就會比錢花得過多了還要難過。

揮霍在索取上是不及，在給予上過度。吝嗇則是在給予上不及，在索取上過度。不過，揮霍者還是比吝嗇的人好得多。他的毛病會隨著年齡的增長或由於生活的貧困而得到糾正。他能夠學會適度。因為，既然他給予而不索

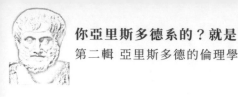

取，他就有慷慨的人的品行，如若他透過訓練或別的途徑學會做得適度，他就會是一個慷慨的人，就會把財物給予適當的人，並且不索取不適當的財物。這就是我們認為這樣的人並不是壞人的原因。而吝嗇的人，則對任何人甚至他自己都沒有益處。大多數人都喜歡得到錢財而不是予錢於人。吝嗇這種惡許多人都有，且樣式上多種多樣。吝嗇似乎有許多種類。因為吝嗇有兩個方面：在給予上不及和在索取上過度。這兩種毛病並不總是同時存在於同一個人身上。它們有時是分離的，有些人是在索取上過度，有些人是在給予上不及。那些被稱作「小氣鬼」、「奸猾的人」、「守財奴」的人，都是在給予上不足。

十六、大方的人是花錢的藝術家

大方的人是在重要的事物上大方，往往表現在適當的方式和適當的數量兩方面。而其花費也是為高貴、高尚的事，這些事很少是為自己，而是為公眾。

亞里斯多德始終是將追求知識和探索真理放在人生的首要位置的，這從他的一些財富觀念可以反映出來。

1、大方的人是把大筆錢花在重要事物上的。因為，儘管大方的人是慷慨的，慷慨的人卻未必是大方的。在大方上不及是小氣，其過度是虛榮、粗俗等。虛榮、粗俗等是指不在適當的對象上花錢過度，而是指在不適當的對象上和以不適當的方式大量地花錢來炫耀自己。大方的人是花錢的藝術家。他能看出什麼是適合的對象並且有品味地花大筆的錢。所以，大方的人的花費是重大的和適宜的。因為只有這樣，那大筆的花費才同結果相稱。大方的人是為高尚高貴而花大量的錢，因為高尚是所有德性的共同特徵。此外，大方的人還將高興地、毫不吝惜地花費。因為，精心算計花費是小氣的行為。

2、大方的人往往在適當的方式和適當的數量兩方面表現「大」。大方的人能夠用同樣的錢創造出更宏大的作品。因為一筆財產的德性同一件作品的德性不是一回事。最有價值的財產是最值錢的東西，如黃金。最有價值的作品則是最宏大、最高尚的東西，一件巨大作品的德性就在於它的宏大。一個

窮人不可能大方。他沒有條件把大筆錢花在適當的事物上。他如果努力表現得大方，那就是愚蠢。因為他那樣花錢既是不自量力，方式也不當。一筆花費只有花得適當才是有德性的。因為，一個大方的人不是為他自己而鋪張，而是為公眾的目的而花錢，他的禮品也有點類似於祭品。他願意把錢花在那些恆久存在的事物上，而且在每種場合，他所花的錢都要相稱大方的人的特點。這就在於無論他把錢花在哪裡，都創造出一種宏大的成果，一種與那個花費相稱的成果。那種粗俗的人，總是在花費上超過適度，因為他把大筆錢花在微不足道的事物上，毫無品味地炫耀。他做這些事情不是為高尚，而是因為他想炫耀其富有，因為他認為人們會因為這些事情而崇拜他。他在該多花錢的地方花得極少，在不該多花錢的地方卻花得很多。

▌十七、大度是德性之冠

大度的人會給人以目空一切的感覺。他們很少在乎什麼東西，他會適度的關心財富、權力，對榮譽也比一般人看輕許多，他們樂於幫助別人，而不求別人幫助。對於他們來說，他們應願意給予而不願被給予。真正大度的人是好人，因為大度是德性之冠。

亞里斯多德認為，完全大方的人一定是好人。而且，大度的人似乎對每種德性都擁有得最多。一個大度的人不大可能在撤退時拚命奔跑，也不大可能對別人不公正。因為，既然對他來說沒有什麼東西更為重大，他怎麼還會去做恥辱的事情呢？所以大度似乎是德性之冠：它使它們變得更偉大，而且又不能離開它們而存在。所以做一個真正大度的人很難，因為沒有崇高就不可能大度。所以，同大度的人特別相關的重大事物主要是榮譽與恥辱。他對於由好人授予的重大榮譽會感到不大不小的喜悅。他覺得他所獲得的只是他應得的，甚至還不及他應得的。不過他將接受好人所授予的這種榮譽，因為好人沒有更重大的東西可以給他。但對於普通人的微不足道的榮譽，他會不屑一顧。因為他所配得的遠不止此。對於恥辱他同樣不屑一顧，因為恥辱對於他不可能是公正的。

同時，亞里斯多德也指出，大度的人主要關注榮譽，但同時也適度地關注財富、權力和可能會降臨到他身上的好的或壞的命運。他既不會因好命運而過度高興，也不會因壞命運而過度痛苦。因為，甚至榮譽對於他好像也算不上是重大的事物。而把榮譽都看得不重要的人，也會把別的事物看得不重要，所以大度的人往往被認為是目空一切。

對此，亞里斯多德再次為大度的人作了有力的辯解。他認為，多數人蔑視別人沒有根據，而大度的人則有根據。大度的人不糾纏瑣碎的事情，也不喜歡去冒險。因為值得他看重的事物很少。但是他可以面對重大的危險。當他面對這種危險時，他會不惜生命。因為他認為，不能為活著而什麼都犧牲掉。他樂於給人以好處，而羞於受人好處。因為給予人好處使得他優越於別人，受人好處使得別人優越於他。

大度的人願意給別人提供幫助，自己卻無求於人或少求於人。他對有地位、有財富的人高傲，對中等階級的人隨和。此外，大度的人也不爭那些普通的榮譽，不去在別人領先的地方與人爭個高低。他並不急切地行動，除非關涉到重大的榮譽。他也不會忙碌於瑣事，而只是做重大而引人注目的事情。他一定是明白地表明自己的恨與愛（因為隱瞞意味著膽怯），關心誠實甚於關心別人的想法，並且一定是言行坦白（因為，既然持有蔑視，他就會坦然直言，除非在用自貶的口吻對普通人說話的時候）。他不會去討好另一個人，除非那是一個朋友。他也不會崇拜什麼。因為對於他沒有什麼事物是了不起的。他也不會記恨什麼。因為大度的人不會記著那麼多過去的事情，尤其是別人對他所做的不公正的事情，而寧願忘了它們。他也不會議論別人什麼，既不談論自己也不談論別人。因為他既不想聽人讚美，也不希望有人受譴責（他也不愛去讚美別人）。所以，他不講別人的壞話。對於避免不掉的小麻煩，他從不叫喊或乞求別人幫助。因為在這些事情上叫喊或乞求幫助，就意味著很看重它們。他願意擁有高尚、高貴而不實用的事物，而不是那些有利益的、有用的事物。因為擁有前者更表明一個人的自足。此外，一個大度的人還行動遲緩、語調深沉、言談穩重。因為，一個沒有多少事情可以看重的人不大可能行動慌張，一個不覺得事情有什麼了不起的人也不會受到刺激，而語調尖屬、行動慌張都是受刺激的反應。

十八、溫和是怒氣方面的適度

　　溫和的人也會發怒，但他們不像易怒和慍怒的人那樣「不會」發怒。溫和的人發怒因適當的事情而起、並持續適當的時間。當然，「會」發怒不是一件容易的事，每個人對別人發怒的反映都不一樣，甚至同一個也是千差萬別。

　　在亞里斯多德看來，溫和是怒氣方面的適度。溫和的人不受感情左右，他們以適當的方式、對適當的事情，持續適當的時間發怒，他們的脾氣是平和的。那些在應當發怒的場合不發怒的人被看作是愚蠢的，那些對該發怒的人、在該發怒的時候也不以適當方式發怒的人也是愚蠢的。一個人如果從來不會發怒，他也就不會自衛。而忍受侮辱或忍受對朋友的侮辱，則是奴性的表現。

　　易怒的人受感情左右，他以不適當的方式、對不適當的人亂發脾氣。他的怒氣來得快過去得也快，這是他好的地方。由於脾氣急躁，他的怒氣會立即發洩出來，但發洩了，怒氣也就過去了。

　　慍怒的人常因壓抑自己的怒氣而使得怒氣很難平息，而且長時間持續。不過，他們一旦報復了，這怒氣就會過去。因為報復產生的是快樂而不是痛苦，這種快樂消除了他們的怒氣。如果得不到這種發洩，怒氣就一直壓在他們心裡。由於他們不把這怒氣表現出來，也就沒有人去平息它們，而一個人自己消解怒氣需要很長時間。這樣的人對自己、對朋友都是最麻煩的。亞里斯多德把在不適當的事情上以不適當的方式發怒的人、發怒持續時間過長的人，以及不報復和懲罰別人怒氣就不會平復的人，稱為怪癖的人。同時，也把溫和看作是與過度相反的。

　　一個人發怒應當以什麼方式，對什麼人，基於什麼理由很難確定。也很難確定發怒持續多長時間，或者自何時起，就不再正確而成為錯誤。因為，我們並不譴責一個稍稍偏離——無論朝過度還是朝不及——的人。我們有時稱讚那些在怒氣上不及的人，稱他們溫和。有時又稱讚那些易動怒的人，稱他們勇敢，認為他們有能力治理。顯然，適度的品質，即對適當的人、就適

當的事、以適當的方式等發怒的品質受到稱讚，過度和不及則受譴責——輕微的偏離受輕微的譴責，較大的偏離受較重的譴責，最大的偏離受最重的譴責。所以，我們應當追求的顯然是適度的品質。

十九、友善

友善是一般人都樂於接受的。每個人對於別人的友善都不一致，因為對象不同，友善的方式和內容也不大一樣。對「壞人」友善禮讓一般是不易理解的，而對「好人」友善，大家都會贊同。如果友善不懷有「惡」的目的，那麼友善都是有益的。

亞里斯多德發現，人群中、生活中、交談和交易中，總能發現一些諂媚的人。他們凡事都贊同，從不反對。他們認為自己的責任就是不使所遇到的人痛苦。另一些人則相反，他們什麼都反對，從來不考慮給別人帶來的痛苦。亞里斯多德將這種人稱作乖戾的。顯然，這些品質都是受譴責的，那種居中的品質才是受稱讚的。一個人正是由於這種適度的品質，才會以適當的方式贊同所該贊同的，反對所該反對的。但是這種適度的品質沒有名稱，雖然它與友愛很相似。因為，有這種適度品質的人，如果再具有一份感情，就是我們所說的「好朋友」了。這種品質同友愛的區別在於，它不包含對所交往的人的感情。這樣的人做事適度，不是出於愛或恨的感情，而是因為他就是那樣的人。他同熟人和陌生人，同親近的人和不親近的人交遊，都舉止適度，只不過是相應於每一種人的適度。因為，對陌生人和親朋好友表現出同等程度的關心是不適當的，使他們同等程度地痛苦也是不適當的。

亞里斯多德已經在一般意義上說明了具有這種品質的人在交往中會適度做事。他還說明，這種總是為著高尚高貴和有益的目的而努力使人快樂而不使人痛苦。因為，他們關心交往的快樂與痛苦。一旦促進別人的快樂對自己是不體面的、有害的，他們就會拒絕那樣做，而寧願選擇讓他們痛苦。同樣，如果假設另一個人的行為將給那個人帶來恥辱或傷害，而反對那個人的行為只會給那個人帶來不是很大的痛苦，他們就會反對而不是贊同。對地位高的

人和普通人，熟人和不太熟識的人，以及有種種其他區別的人們，他們將以適合那些人各自的不同方式同他們交往。

雖然自己會因快樂自身之故而促進它，並努力避免造成痛苦，他們還是會考慮後果。他們要看看這樣做的後果是否更好，即是否高尚高貴和有益。為了以後的更大快樂，他們可以施加一點小小的痛苦。這種適度品質就是這樣，儘管它沒有名稱。而那些努力討好別人的人，如果是沒有目的的就是諂媚，如果是有目的的就是奉承。那些對於什麼都不贊同的人，正如亞里斯多德已說過的，是乖戾的。看起來好像只有這兩種極端在相互對立，這是因為這種適度的品質沒有名稱。

二十、誠實

誠實的人往往被人喜愛，他們被認為是有德行的。他們不喜歡說過分的話，不會做不誠實的事，認為那是恥辱的。而一個自誇的人則與此相反，如果他們自誇僅為自己的面子榮譽，倒還不算是壞，但他們如果為一些錢或有價值的東西，那就屬於惡了。

與自誇對立的適度品質雖沒有名稱，但也是同這些事情相關。亞里斯多德對這些品質先作了一定的描述，這對我們更好地理解這些品質的性質是十分有幫助的。因為，如果我們看到在這些場合德性都是適度，我們也就會相信所有德性都是適度的品質。亞里斯多德已經說明了在共同生活中同提供快樂或痛苦有關的那些行為，他接著要說到同語言、行為和外在表現的誠實與虛偽有關的那些行為。

按通常的理解，自誇的人往往表現得自己具有某些受人稱讚的品質，實際上卻並不具有或具有得不那麼多；自貶的人往往表現得自己不具有自己實際上具有的品質，或者貶低自己具有的程度；有適度品質的人則是誠實的，對於自己，他在語言上、行為上都實事求是，既不誇大也不縮小。無論誠實還是虛偽都可能或者有目的，或者沒有目的。而如果一個人沒有特殊的目的，他的語言和行為就表現著他的品質。就其本身而言，虛偽是可譴責的，誠實

則是高尚高貴的和可稱讚的。所以，具有這種適度品質的誠實的人是可稱讚的；虛偽的人，尤其是自誇的人，則是可譴責的。

下面，亞里斯多德又談到了誠實的人和虛偽的人。他要說的，不是守約的或涉及公正與不公正的那些事務上的誠實（因為適用於這些事務的是另外一種德性），而是不涉及那些事務時一個人的出於品質的語言和行為上的誠實。這樣的一個誠實的人被看作是有德性的人。因為，他在無關緊要的時候都講真話，在事情重大時就更會誠實。他會拒絕不誠實的行為，認為那是恥辱的，因為他以往不論後果怎樣都不曾做事不誠實。亞里斯多德所稱讚的正是這樣的人。這樣的人會傾向於對自己少說幾分。因為，既然說過頭是令人討厭的，對自己少說幾分也許更好些。那種沒有什麼目的而喜歡自吹的人，在品質上比有目的的還低些（因為他要是有目的，就不會自誇了）。但這種人只是愚蠢而不是惡。那些出於目的而自誇的，如果是為名譽或榮譽，就不算太壞；如果是為錢或可用來得到值錢的東西，其品質就比較壞。因為，使得一個人成為自誇者的不是能力，而是選擇。一個人是因為形成了自誇的品質才是一個自誇者的。這就好比，有的人說謊是因為喜歡說謊，有的人說謊則是為得到榮譽或好處。為得到榮譽而自誇的人表現得自己具有的是那些受稱讚和尊敬的品質。為得到錢而自誇的人表現得自己具有的則是對鄰居可能有用的品質，例如預言或治病的本領。這後一類的品質，一個人是否真的具有比較好隱瞞。大多數人喜歡表現得自己具有這後一類的品質，也正是因為他們既可能對鄰居有用，你又不大好說他不具有。有些貶低自己的人似乎比自誇的人高雅些。因為，他們的目的似乎不是得到什麼，而是想避免張揚。他們尤其否認自己具有的，如蘇格拉底常做的那樣，也是那些受人尊敬的品質。而那些在細枝末節的小事上貶低自己的人被人稱做偽君子，這種人是真正讓人看不起的。有時，這種自貶又實際上成了自誇，就像斯巴達人的裙子那樣。因為同過度一樣，過分的不及也是一種誇張。但是，在一些不那麼明顯和突出的事情上，適當地用一點自貶倒也不失高雅。

自誇的人似乎是誠實的人的對立面，因為自誇的惡劣遠遠大於自貶。

二十一、機智

　　機智在交談中，總會使人體味到一些很快樂的感覺。機智的人也往往為人所「寵」，他們的妙語如珠會使別人十分開心。機智因人們所處的階層不同，玩笑的品質也不大一致。

　　人們在休息時總會進行消遣性的交談。在這方面，似乎也有一種有品味的交談。向人家談些什麼以及怎樣向人家談，聽人家談些什麼以及怎樣聽，這些方面都有做得是否恰當的問題。同什麼人談或聽什麼人談這方面也有恰當不恰當的問題。顯然，在這些方面，一個人既可能做得過度，也可能做得不及。那些在開玩笑上過度的人被看作是滑稽的或品味低等的人。這種人什麼玩笑都開，目的只在於引人一笑，全不考慮禮貌和如何不給被開玩笑的人帶來不快。那些從來不開玩笑、也忍受不了別人開他玩笑的人被看作是呆板的和固執的。有品味地開玩笑的人被稱作是機智的，意思就是善於靈活地轉向的。因為，機智妙語彷彿就是品質的活動。亞里斯多德認為，人們判斷一個人的品質如何要根據他的品質的活動，正如判斷他的身體如何要根據其身體的活動一樣。由於玩笑的題材俯拾即是，由於多數人都過度地喜歡玩笑和嘲弄，甚至滑稽的人也會被稱為是機智的，因為人們覺得他們有趣。但儘管如此，亞里斯多德上面所說的也已經表明，機智不同於滑稽，而且兩者相距甚遠。這種適度的品質的另一個特點是得體。具有談話得體的品質的人只說、只聽適合一個慷慨的人說和聽的東西。因為，這樣的人在說玩笑和聽玩笑方面都有其適合的語言。

　　亞里斯多德認為，出身高貴的人與有教養的人的玩笑不同於那些低賤的和沒教養的人。這種區別可以從過去的喜劇與現在的喜劇的對比中看出來。過去的喜劇用粗俗的語言取樂，現在的喜劇則是用有智慧的語言引人發笑，這兩者在禮貌上有很大的區別。我們是否可以把適度的玩笑界定為不會不適合慷慨的人的、不會給聽者帶來痛苦而會給他帶來快樂的那類玩笑？或者，這類玩笑是否可能作出規定？不同的人喜歡的和討厭的東西是不同的。但一個人願意說的必定也是他願意聽的。因為，他肯接受的也就是他願意做的。所以，有的玩笑他不會去開。因為玩笑是一種嘲弄，而立法者們禁止人們嘲

弄某些事物。也許他們也應當禁止某些形式的玩笑。所以，溫和的、慷慨的人必定是像上面說到的那樣的，就好像他就是自己的法律。這種適度的品質就是這樣，稱它是機智或說話得體都可以。滑稽的人則屈服於他的開玩笑的衝動。只要能引人發笑，不論對自己還是對別人，他都不會放過機會。他總是說些有教養的人不會去說的笑話，其中有的甚至連他自己都不願意聽。呆板的人對於社交性談話沒有積極幫助。他什麼玩笑也不會開，什麼玩笑都接受不了。可是休息與娛樂卻是生活的一個必要部分。

亞里斯多德已經討論了三種適度的品質，它們與某種語言和行為的交流有關。它們的區別在於其中的一種是同誠實相關，另外兩種則同交談和交往的愉悅相關。在後兩者中，一個表現在玩笑活動中，另一個則表現在一般社交生活中。

▌二十二、羞恥

羞恥不是所有人都適用的，年老的人羞恥會讓人產生可笑、厭煩等不好的情緒，而年輕的人則會受到稱讚，因為一個年輕人因自己的錯而羞恥，會讓人們覺得他有改正的「前途」，年老的人則沒有這種改正的「前途」。

亞里斯多德認為，德性不包括羞恥。因為，它似乎是一種感情而不是一種品質。羞恥，一般被定義為對恥辱的恐懼。它實際上類似於對危險的恐懼。因為人們在感到恥辱時就臉紅，在感到恐懼時就臉色蒼白。這兩者在一定程度上都表現為身體的某些變化。這種身體上的變化似乎是感情的特點，而不是品質的特點。這種感情並非適合所有年紀的人，而僅僅適合於年輕人。亞里斯多德認為，年輕人應當表現出羞恥的感情，因為他們由於聽憑感情左右而常常犯錯誤，感到羞恥可以幫助他們少犯錯誤。他稱讚一個表現出羞恥的年輕人，但是不稱讚一個感到羞恥的年長的人。他認為，年長的人不應當去做會引起羞恥的事情。既然羞恥是惡的行為引起的感情，好人就不會感覺到羞恥，因為他不應當做惡的事情（至於那些事情是本身就是可恥的還是被人們看作是可恥的，這倒沒有什麼分別，這兩種事情都不該做）。羞恥是壞人的特點，是有能力做可恥的事情的人所特有的。一個人在做了壞事之後會感

到羞恥，很多人就說他是有德性的，這也是荒唐的。因為那個引起羞恥的行為必定也是出於意願的行為，而一個有德性的人是不會出於意願地做壞事情的。羞恥只是在這種條件下才是德性。如若他做壞事情，他就會感到羞恥。然而德性的行為不是有條件的。而且，雖然無恥（即做了壞事而不覺得羞恥）是卑賤的，這也不說明如若去做壞事就會感到羞恥是德性。自制也不是一種德性，而是德性與惡的一種混合。

▍二十三、獸性與病態

獸性與病態都是讓人害怕和厭惡的，有些人也會抱有同情的情感。相對於獸性來說，病態會讓人理解，並往往被人們認為也是「無奈之舉」，而獸性則是人們不可忍受的「惡」，認為其不可理喻。雖然在情感上如此，但兩者所造成的「惡」都是很可怕的。

在正常情況下，有些事物是令人愉悅的。其中有些是一般愉悅的，有些是令特定的動物或特定的人愉悅的。但是還有些事物，不是在正常情況下令人愉悅，而是由於發展障礙、習慣或天生殘疾才變得愉悅的。相應於每種這樣的快樂，人們都可以發現一種相關的品質。亞里斯多德首先是指那種獸性的品質，例如人們所說的，那個剖殺孕婦、吞食胎兒的女人，黑海沿岸的嗜好吃生肉和人肉並易子而食的蠻人，這些是獸性的例子。

另外一些這類品質來自病態。其他的病態的品質則來自習慣，如拔頭髮、咬指甲、吃泥土等等。這些行為有些是出於本性，有些則出於習慣，例如：有些人由於從小成為性慾對象而形成的品質。出於本性的品質不能被責備為不能自制，正如不能責備婦女在性交中總是被動而不主動一樣。對形成於習慣的病態品質也是這樣。這些品質本身不屬於惡，正如獸性不屬於惡一樣。不論是戰勝它們還是屈服於它們，都不算嚴格意義上的不能自制。說它們不能自制只是在類比的意義上說的，正如對一個不能控制其怒氣的人，我們說他是在怒氣上不能自制，而不簡單地說他不能自制一樣（一切極端的品質，不論是愚蠢、怯懦、放縱還是怪癖，事實上都是獸性，或者是病態。一個生性對一切都害怕，甚至連老鼠的叫聲都害怕的人，表現的是獸性的怯懦。有

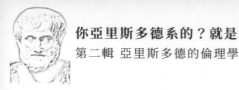

的人害怕鼬鼠則是病態。愚蠢也是一樣。有些人，如遠方的蠻人，生來就沒有推理能力，與世隔絕，靠感覺生活，這是獸性。有些人則是由於某些病，如癲癇病，而喪失推理能力，這是病態）。在這些不正常的品質上，一個人可能只是有傾向而並未屈從於它們。

亞里斯多德將人的惡直接稱其為惡。對於非人的惡，則加上一些限定語，稱之為獸性的、病態的惡。不能自制也是一樣。所以有些是獸性的不能自制，有些是病態的不能自制。只有與人的放縱相應的不能自制才是一般意義上的不能自制。

就放縱與節制相關的事，亞里斯多德用自制與不能自制來說明。涉及其他事物的不能自制則是另一類的不能自制。它們只是在轉義上，而不是在本來意義上被稱為不能自制。

二十四、堅強與軟弱

堅強與軟弱也是選擇的結果，所以堅強與軟弱也必然與自制和放縱相關。有的人會為「錢」而折腰，有的人卻為自己的名節正義凜然。可以說這是兩類人選擇的不同。而往往放縱自我的人會做出前類事情，自制的人則以後者居多。

亞里斯多德在前面已經說明，與放縱節制相關的觸覺與味覺方面的快樂與痛苦，以及對於它們的追求與躲避。在這個方面，個人可能在多數人能主宰的事上反而屈服了，或在多數人會屈服的事上反而能夠主宰。這兩種情形在快樂上就是不能自制與自制，在痛苦方面就是軟弱與堅強。大多數人的品質是折中的，儘管傾向於壞的一端。既然快樂有些是必要的，有些是不必要的，那麼，必要的快樂就只是在一定限度內才必要，過度與不及都不是必要的，並且慾望與痛苦的情形也是一樣，一個人如果追求過度的快樂或追求快樂到過度的程度，並且是出於選擇和因事物自身，而不是從後果考慮而這樣做，便是放縱。這種人必然是不知悔改的，因而是不可救藥的，因為不知悔改的人便不可救藥。不及的人則與此相反。有適度品質的人則是節制的。同樣，一個人如果不是因為無力忍受，而是出於選擇而躲避肉體痛苦，也是放

縱。那些不是出於選擇而這樣做的人中，有些是因受到快樂的引誘，有些是為了躲避慾望中的痛苦。所以他們之間也有區別。人們都認為，不是出於強烈慾望、而是沒有或只有微弱慾望就做了可恥的事的人更壞，不發怒而打人的人比發怒才打人的人更壞。因為，如果他帶著強烈的感情，又會做出些什麼呢？所以，放縱的人比不能自制者更壞。

以上所說的兩類品質中，軟弱是出於選擇而躲避痛苦，放縱是出於選擇而追求快樂。不能自制同自制相對立，軟弱與堅強相對立。堅強意味著抵抗，而自制意味著主宰，兩者互不相同，正如不屈服於敵人與戰勝敵人不相同一樣。所以，自制比堅強更值得欲求。有的人缺乏抵抗大多數人能忍耐的痛苦的能力，這就是柔弱（因為柔弱也是軟弱的一種表現）。這樣的人會把罩袍拖在地上而懶得提起，或佯裝病得提不起罩袍，他不知道假裝痛苦也是痛苦的。在自制與不能自制的問題上也是這樣。一個人屈服於強烈的或過度的快樂或痛苦並不奇怪。令人奇怪的倒是，有的人既不是出於天性，也不是由於病，竟也在多數人能夠抵制住的事情上屈服。

人們還認為，消遣就是放縱，但在亞里斯多德看來，這實際上是軟弱的表現。消遣是休息，是鬆懈，沉溺於消遣是過度鬆懈的一種形式。不能自制有兩種形式，一種是衝動，一種是屏弱。屏弱的人可以考慮，但不能堅持其考慮所得出的結論。衝動的人則由於受感情的限制而不去考慮。有些人則正像已經抓過別人的癢自己就不再怕被抓癢那樣，由於能預見到事情的來臨，並預先提高自己，即提升自己的邏各斯，而經受住感情（不論是快樂的還是痛苦的）的衝擊。急性子和好激動的人，容易成為衝動的不能自制者。前者是由於急於求成，後者則是由於激動而把邏各斯拋到了後面。由於這種特質，他們就只好順從表象了。

二十五、不自制與放縱

不自制的人總是後悔，但放縱的人卻不是這樣。前者並非不公平，卻做著不公正的事，後者則按自己的想法肆意胡為。所以不自制的人有改正的可能，而放縱的人卻一意孤行，不肯悔改。

放縱與不自制有很多相似的地方，人們常將兩者等同起來。其實這兩者並不完全一樣。亞里斯多德對此進行了相關的論述。

放縱者因為做的是自己選擇的事，所以不存在悔恨。然而不能自制者則總是悔恨。所以前面所舉出的那種困難並不是那樣一種困難。相反，放縱者不可救藥，不能自制者則可能改正。因為，用現在的話來說，惡就像浮腫和結核病，不能自制則像癲癇病，前者是慢性的，後者則是陣發性的。總之，不能自制與惡在本質上是不同的。惡是無意識的，不能自制則不是。其次，在不能自制者中間，那些衝動類型的人比那些意識到邏各斯而不能照著做的人要好些。因為，後面這種人有一點誘惑就要屈服。而且，與衝動的人不同，他們並不是未經考慮而那樣做的。這種不能自制者就像愛醉的人那樣，只要一點點酒，甚至遠遠少於多數人的正常量的酒，就會醉倒。不能自制不是嚴格意義上的惡（雖然在某種意義上也是惡）。因為，不能自制不是選擇，而惡則是選擇。然而，這兩種實踐卻產生類似的惡。

不能自制的人往往做著不公正的事，雖然他並非不公正。放縱者則認為他自己應當那樣去做。所以前一種人容易經勸告而改正，後一種人則不容易。因為，德性保存著始點，惡則毀滅始點。在實踐中，目的就是始點，就相當於數學中的假設。所以在實踐方面也和在數學上一樣，始點不是由邏各斯述說，而是由正常的、透過習慣養成的德性幫助我們找到的。所以，具有德性的人就是節制的，相反的人就是放縱的。但是，還有一種人是由於受感情影響而違背了正確的邏各斯並放棄了自己的選擇的。感情的影響使他未能按照正確的邏各斯去做，但是還沒有使他相信這樣追求快樂是正確的。不能自制者就是這種人。他比放縱者好，並且總體上不壞。因為在他身上，始點還保存著。與不能自制者相反的，是堅持自己的選擇而沒有在感情的影響下放棄它的人。透過這些考察，自制是種好的品質，不能自制是壞的品質，就很清楚了。

▌二十六、自制與固執

　　自制與固執在某些方面是類似的，一個自制的人和一個固執的人都善於堅持自我。但自制的人堅持自我是因為他的選擇正確，而一個固執的人堅持自我則因為他的無知、愚昧。所以自制的人往往會讓人稱讚，固執的人則為人所厭惡。

　　與前面所說的一樣，在亞里斯多德看來，自制與固執也是有所區別的。

　　一個自制的人是只堅持正確的邏各斯，還是對任何一種邏各斯與選擇都堅持？一個不能自制者是任何一種邏各斯或選擇都不能堅持？還是僅僅不能堅持那些正確的？這是前面提出的一個問題。前者所堅持的和後者所不能堅持的，是否儘管在偶性上可以是任何邏各斯和選擇，在實質上卻是同一種正確的邏各斯和選擇呢？因為，如果一個人選擇這個事物是為著那個事物，他就實質上是在選擇那個事物，選擇這個事物只是出於偶性。我們說實質上的意思是說總體上。所以，儘管在某種意義上，自制者堅持、不能自制者不能堅持的是任何一種意見，但在實質上他們各自堅持或不能堅持的只是真實的意見。

　　不過，仍有一種堅持自己的意見的人，亞里斯多德稱其為固執的人。對這樣一個人，既不容易說服他相信什麼，也不容易說服他改變什麼。這些特點與自制有幾分相似，就像揮霍與慷慨、魯莽與勇敢有些相似一樣，但是固執與自制實際上在很多方面不同。首先，自制的人不動搖是要抵抗感情與慾望的影響，他有時其實是願意聽勸說的。固執的人不動搖則是在抵抗邏各斯，因為他們有慾望並常常受快樂的誘惑。其次，固執的人有固執己見的、無知的和粗俗的三種。固執己見的人之所以固執是因為快樂與痛苦。因為，如果他未被說服，他就認為是勝利了，就感到高興；如果他的意見被說服改變了，就像法令在公民大會上被改變那樣，他就會感到痛苦。所以，他們更像不能自制者，而不是像自制者。還有一種人，他們沒有堅持自己的決定也不是因為不能自制，而是由於別的原因。

還有一種人對肉體喜愛的程度比一般人要少。自制的人處於這種人和不能自制者之間，如果自制是好品質，其他兩種相反的品質就是壞的品質。它們事實上也的確是壞的品質。不過，亞里斯多德認為，由於其中的一種很少見，我們就把不能自制當作與自制對立的唯一品質，就像放縱被當作與節制對立的唯一品質一樣。有許多詞我們是在類比意義上用的。我們說節制的人的自制就是在類比意義上說的。自制者則覺得這類事情使他愉悅，但不受它誘惑。不能自制者與放縱者也有相似處，雖然它們不同。兩者都追求肉體快樂。不過，放縱者認為這樣做是對的，不能自制者則並不這樣認為。

第三輯 亞里斯多德的幸福原理

　　古往今來，人類就不停地在尋求各種自以為能獲得幸福的祕訣，各代許許多多的哲學家著書立論、探討人生，都是旨在指示人幸福的途徑。關於亞里斯多德的幸福觀，不少學者和論著都把他歸結為「經驗主義的幸福論」，或者稱為「現實主義幸福論」。其實，若就其具體內容和性質而言，亞里斯多德的幸福觀更是一種德性幸福論。

▌一、友愛是生活中最必須的東西

　　生活中，一個人缺少友愛是可悲的，青年人缺少友愛，會犯更多的錯誤；老年人缺少友愛，不能受到很好的照顧；而壯年人缺少友愛，則行為會有所欠缺。所以說擁有友愛，才能使自己生活完滿。友愛有多種類型，如親屬的愛、對老人的愛、對非血緣人的愛。真正的友愛是永恆的，它屬於有德性的人。

　　生活中需要友愛，沒有人願意過缺少朋友的生活，從某方面講，友愛也是某種德性。亞里斯多德認為，那些富有的人和大權在握的人更需要朋友。因為對朋友的饋贈是最大的，最為人所稱道的，如若沒有朋友，他的財富又怎樣蓄藏和保全呢？因為財產越多，危險也就越大。在貧窮和其他的災難之中，只能希望朋友的幫助。友愛對青年人可以幫他們少犯錯誤；對老年人則加以照顧，幫助他們做力所不及的事情；對壯年人則幫助他們行為高尚。愛人的人受到稱讚，友愛把社會團體聯繫起來。愛朋友的人受到讚揚，廣交友被看作是高尚的事情，這不僅是必要的，而且是高尚的。亞里斯多德認為，朋友是善良的人。

　　人們不可能喜愛所有的東西。只有可愛和有用的東西才為人所喜愛。亞里斯多德認為，有用的東西就是由之生成善和快樂的東西。由此可見，善和快樂才是喜愛的目的。每個人都喜愛對其自身是善的東西，而可愛的東西只是一種總體上的善，個別的善對個別的人是可愛的。每個人所喜愛的善並不像自身存在的樣子，而是對他所顯現的那個樣子。

友愛是得到回報的善意。很多的善意是看不見的，但亞里斯多德認為，它們是善良的、有用的。在這些善意之中，可以有某個人去回報同樣的善意。如若他們互相之間都有著善意，然而對此卻無所察覺，那樣怎能說是朋友呢？

相互愛著的人們因為希望對方善良而去愛。有些人為了相互利用，而不是為了自身而相愛，他們都為了從對方得到好處。同樣，有些人是為了快樂而愛，不是為了與聰明的人相交往，而是為了使他們自身愉快，那些為了利益而愛的人是為了對自己的好處，那些為了快樂而愛的人，是為了使自己快樂。這都不是為了自身而愛，而是為了有利和快樂。所有這樣的友愛都是偶性的友愛。如果一個人被愛，並非由於他是個朋友，而由於他們能提供好處，能提供快樂。這樣的友愛很容易散夥。以實用為目的建立起友誼的人不那麼喜歡生活在一起，他們彼此又時常感到有些討厭。凡是沒有助益的事情對交往也就無關緊要，只有在希望得到好處的時候他們才會快樂。

善良者的友愛和德性都是完滿的。他們互相希望在善上相似，他們都是就其自身而善的。那些為了朋友自身而希望對方為善才是真朋友，因為這些都是為了自身而存在，並不是出於偶性。只要善不變其為善，這種友誼就永遠維持。只有德性才是恆常如一的。

只有有德性的友愛才能稱得上永恆。只有在這些善良的人們中，愛和友愛才是最大和最善的。不過像這樣的友誼是罕見的，這樣的人也是少有的。這需要相互熟悉和時間，正如俗話所說，只有吃盡了鹹鹽，人們才能相知。除非兩人互相表示友好並互相信任，否則就不可能被接受，不可能做朋友。有些人很快就好了起來，並且想要成為朋友，然而沒有友愛和相知，也就不存在友誼。想要很快地建立友愛那就不是友愛。

那些接受榮譽的人，要求被愛多於愛人。奉承者則相反，往往奉承者的地位較低，或是裝作為別人的朋友。然而，大家似乎又公認友愛更多地是在愛之中，而不是在被愛之中，其證明就是，母親總是以愛為喜悅。有一些母親把自己的孩子交出去哺育，她們在愛著並知道這一切，但是並不索取愛的回報。如若她們兩者都做不到，只要看一看子女們的飛黃騰達也就心滿意足了。

　　廣交友的人為人稱讚，他們常處於愛之中，愛也成為他們的德性。在朋友中，只要得其所值，這樣的人就是長久的朋友，保持著不變的友愛。

　　親屬的友愛樣式較多，但都由父愛母愛派生而得。生養者把子女作為自身的一部分，照拂備至，子女們則把雙親當做自己存在的來源。雙親對他們的孩子所知道的更多，被生育的則對他們的生育者所知較少。與被生育者對生育者相比，生育者更依戀被生育者，被生育者是屬於生育者的。而生育者卻不屬於被生育者。雙親對孩子的愛，在時間上也更長些。孩子們一出生就立即得到照顧，孩子感覺到他們的父母則是在一段時間之後。

　　從以上所說就可以明白，為什麼母親有那麼強烈的愛。生育者把後代當作自身來愛。孩子們愛雙親則是把他們當作自身的來源。兄弟們相互地愛，由於是自然地出於雙親。這種與他們相關的相互同一性，就造成了他們的互愛。由此人們就說血脈相通，骨肉相連等等。也可以在某種意義上說他們是同一的存在，只不過是處於分散中而已。

　　對善和尊長的愛表現在後代對祖先和神的愛之中。因為他們恩高德厚，是後代的存在和一出生即得到哺養與教育的原因。這種愛和非親非故的友愛相比，能給予更大的快樂和利益，因為他們的生活有著更多的共同之點。在兄弟的友愛和哥們兒的友愛中，有許多共同的東西。由於兄弟們更為接近，從生下來就相互關心，出於同源，並且在一起長大，受著同樣的教育，所以性格也就相同，經得起長時間的考驗，並且最為可靠。

　　夫妻之愛源於自然，而共同生活不僅是生兒育女，因為在其中雙方還有其他的生活需要。男子和女子相互幫助，把自己所固有的特長投入共同事業中去。由於這樣的緣故，在這樣的友愛中既有利益又有快樂。如若他們為人正直，也可能是合於德性的，所以由此感到快樂。孩子們是維繫的繩索，沒有孩子就容易離異。愛情之所以瓦解，是因他們愛的目的沒有達到。

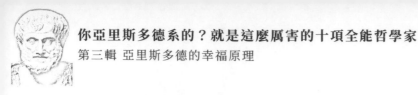
二、快樂最適合人類的天賦

提到「快樂」，是每個人都希望擁有的，它可以使現實生活更為完滿，如人們的青春年華。所以，人們有理由去追求快樂，在實現過程中，有的快樂是高尚的，有的則是卑賤的，對於前者，我們應努力去追尋，而對於後者，我們應鄙棄，因為它並不是真正的快樂。

人們追求快樂，逃避痛苦。快樂也因此融入人類的生命，並對德性和幸福產生巨大的作用和影響。有些人說，快樂就是善；有些人則相反，說它完全是惡；有的人則認為，即使快樂不是惡，把它算做惡才益於世道人心。因為，大多數人都孜孜以求，成為快樂的奴隸，快樂確實是人皆嚮往的事情，不過大多數人對它不能加以辨別。

亞里斯多德認為，快樂是所有生物孜孜以求的東西，從某種程度上說，它是高貴的善，痛苦就其自身就為一切生物所逃避，那麼，它的反面就是為一切生物所歡迎。其次，凡是不以他物為手段，不以他物為目的而選擇的東西才是最可貴的，這就是快樂。

經歷過饑餓痛苦的人們，會體味到飽食的快樂。但並不是所有的快樂都是這樣。學習的快樂就無痛苦。對於那些不正常的快樂，可以說那並不是真正的快樂，對身體狀況惡劣的人，就不應認為存在快樂，要說有的話，也只是對於這些人的快樂，正如對生病的人沒有健康，沒有甜，沒有苦一樣。對害眼病的人也說不上哪些現象是白的。快樂的種類不同，來自高尚的快樂有別於來自卑下的快樂。如若不是一個公正的人，就不能享受公正的快樂，正如不懂音樂就不能享受音樂的快樂。

沒有人願意讓自己的智力永遠處於兒童水平，雖然兒童總會體味極大的快樂。有許多事情積極去做，儘管不會帶來快樂，如觀看、記憶、認知、具有德性等，我們還是要選擇它們。

快樂能夠使活動完滿如青春年華，在活動中體味快樂的感覺。只要是一方面有被思想的、被感覺的，另一方面有判別力和思辨力，那麼在實現活動中就將有快樂存在。

快樂使得人們樂於從事選擇的事情，這樣可使人們的生活變得完滿，人們也由此去追求快樂。至於我們到底是由於快樂而選擇生活，還是為了生活去選擇快樂，目前且不去管它。兩者是緊密相聯的，誰也不能把它們分開。沒有實現活動，快樂就不得以生成，唯有快樂才能使一切實現活動變得完滿。

人們追求能為自己帶來快樂的活動，這從相異的快樂妨礙活動可以得知。亞里斯多德對此進行了舉例說明。一個愛長笛的人，在聆聽長笛演奏時，就聽不進談話，因為與當前所從事的活動相比，他更喜歡長笛。聽長笛的快樂消滅了談話的快樂。如若兩種實現活動同時進行，這樣的情況也會發生，快樂中更大的一方抵消了另一方。快樂的差距越大，妨礙作用就越是明顯，以至於使另一種活動完全停止。所以，當一個人過於高興的時候，他什麼也做不下去。例如：人們在劇場上吃甜食，表演得越壞，他們吃得越香。既然人們的活動為本己的快樂所加強、延長和改善，又為異己的快樂所損害，顯然，快樂之間的差距是很大的。甚至可以說，異己快樂會造成本己的痛苦，本己的痛苦可以消滅實現活動。如果一個人感到寫和算對他是痛苦的，他就不肯再寫，也不肯再算了，因為這些活動是種痛苦。

實現活動有多種類別。有的正直高尚、有的邪惡下流，前者經常受到選擇，後者應當予以迴避，還有些活動無所謂處於兩者之中的狀態。它們的快樂也是如此，每一種活動都有自己所固有的快樂。屬於正直活動的快樂是高尚的，屬於邪惡活動的快樂是下流的。很顯然，那些公認的下流快樂應該說並不是快樂。

▌三、幸福是人生的目的

幸福與快樂一樣，是每個人夢寐以求的。幸福是人們最高貴部分的德性，它是人生的目的，有了它，人生才能完滿。就幸福存在狀態而言，它離不開勤勞，越勤勞越高尚，人也就會越幸福。所以說，幸福存在於人們的實現活動之中，當然這類實現活動應符合德性。

幸福與品質不同，品質是潛在的，無論幸運的人，還是不幸的人都可以具有優秀品質。幸福不是遊戲和娛樂，只有兒童和有權勢的人才把時間消磨

在遊樂之中。恰恰相反，幸福就自身而被選擇，它是自足，是實現活動自身。鞠躬盡瘁，死而後已，毫無所求。在亞里斯多德的幸福觀裡，幸福是合乎德性的實現活動，是嚴肅的勞動，把辛苦生活說成遊戲，豈不荒唐。亞里斯多德認為，幸福是人生的最終目的，正因它為最終，為目的，才成就其完滿。

幸福才是人生的目的。幸福絕不在遊戲中。幸福本身就是目的。把辛苦的工作說成是為了遊戲的無效勞動，未免太幼稚了。幸福生活就是合乎德性的生活。幸福生活離不開勤勞，我們說，勤勞勝於娛樂以及和遊戲有關的事情。我們認為，不論群體還是個人活動，都是越勤勞，就越高尚，所以高尚的人實現活動，其本身就是優越的，從而是更大的幸福。隨便什麼人都能享受肉體快樂，奴隸也不比出身高貴者差。但沒有人肯和奴隸共享幸福，除非是屬於生命的。所以，幸福絕不在這些消遣之中，它在合乎德性的實現活動之中。

人們最高貴部分的德性就是幸福。不管它是理智還是別的什麼，它自然地是主宰者和嚮導者，懷抱著高尚和神聖，認為幸福應伴隨著快樂。德性活動中最大的快樂公認為是合乎智慧的活動，所以，哲學以其純潔和經久而具有驚人的快樂。

幸福存在於閒暇之中，人們往往會為了閒暇而忙碌，在大的方面，人們會為了和平而戰爭。

如果一個人想做一件偉大的事情，就應全力去做，去追求不朽。要按照自身中最強大的部分而生活。它的體積雖小，但能量巨大，其尊榮遠超過一切。如果一個人不去選擇自己的生命，而去選擇別人的生命，這是令人難以置信的。任何本己的東西，自然就是最強大、最可喜的東西。對人來說就是合乎理智的生活，所以，這種生活就是最大的幸福。

亞里斯多德還指出，幸福是思辨的。人以自己具有思辨活動而幸福。其他動物沒有幸福，因為他們全不會思辨。凡是思辨所及之處就有幸福，哪些人的思辨活動越多，他們所享有的幸福也就越大，不是出於偶然而是基於思辨，因為思辨就其自身而言就是榮耀。所以，幸福當然是一種思辨。

思辨需要有外部條件，身體要健康，需要食物以及物品的供給。一個人可能並不是大地和海洋的主宰，但可能做著高尚的事情，從事高尚事業。有中等水平，一個人就可做合乎德性的事情。這一些也就足夠了。只要合乎德性活動，一個人就有幸福的生活。

後來的梭倫也很好的描述了幸福的人們。他認為，他們具有中等的財產，做著最高尚的事情，過著節儉的生活。只要有一個中等的財產，人們就可以做他所應該做的事情了。

命運最寵愛的是那些按照理智活動，並看顧它使之處於最佳狀態的人。如像人們所說，人間的事務都由命運來安排，那麼就有理由說，他們喜歡最好的、與他們最相似的事物（這也就是理智）。他們對最熱愛理智和崇敬理智的人大作善報。由於他們看顧了命運之所愛的東西，並且做著正直和高尚的事情，所有這一切顯然在智慧的人那裡最多，所以，他們理所當然是命運最愛的。像這樣一個人就是最幸福的，如若這樣，那麼智慧的人就是最幸福的。

▌四、如何獲得幸福

可以這樣認為，幸福的來源有兩種，一為先天恩賜，一為後天習得。先天恩賜的是我們不能把握的，所以後天習得的則為我們所青睞。亞里斯多德認為，德性越高的人其幸福感也就越大，而成為一個有德性的人則是獲得幸福的必須。有德性的人是追求善的，所以說幸福需要完全的善和一生的時間。

幸福是神或命運賜予的，還是透過學習、習慣或訓練而獲得的？如果有某種神賜的禮物，那麼就有理由說幸福是神賜的，尤其是因為它是人所擁有的最好的東西。不過，即使幸福並非來自於神，而是透過德性或某種學習或訓練而獲得的，它也仍然是最為神聖的事物。因為德性的報償或結局必定是最好的，必定是某種神聖的福祉。從這點來看，幸福也是人們廣泛享有的。因為，所有未喪失接近德性的能力的人都能夠透過某種學習或努力獲得它。而如果幸福透過努力獲得比透過運氣獲得更好，我們就有理由認為這就是獲得它的方式。因為在自然中，事物總是被安排得最好。在藝術以及所有因果

聯繫，尤其是在最好的因果聯繫中，也都是如此。如果所有事物中最大、最高貴的事物也聽命於運氣，那就同事物的秩序相反了。

在亞里斯多德看來，幸福是靈魂的一種特別活動，而其他的善事則是實現幸福的條件和手段。如我們有理由說一頭牛、一匹馬或一個其他的動物不幸福，因為它們不能參與高尚的活動。基於這一理由，小孩也不能說是幸福的，因為他們由於年紀的原因還不能做出高尚的行為。當人們說他們幸福時，那是在說希望他們將來會幸福。幸福，需要完全的善和一生的時間。因為，人一生中變化很多且機緣未卜，並且最幸運的人也有可能晚年遭受劫難，不過，即使在厄運中，高尚也閃爍著光輝。

例如：當一個人不是由於感覺遲鈍，而是由於靈魂的寬宏大度而平靜地承受重大的厄運時就是這樣。如果一個人的生命如所說過的決定於他的活動，一個享有福祉的人就永遠不會痛苦。因為，他永遠不會去做他憎恨的事和認為卑賤的事。一個真正的好人和有智慧的人將以恰當的方式，以在他的境遇中最高尚的方式去對待運氣上的各種變故。如若這樣，幸福的人就永遠不會痛苦。幸福的人不會因為運氣的變故而改變自己。他不會輕易地離開幸福，也不會因一般的不幸就痛苦，只有重大而頻繁的災禍才使他痛苦。他也不易很快從這種災禍中恢復過來並重新變得幸福，除非經過一段很長的時間，並且在其間取得了重大的成功。

由此，我們是否可以說，一個不是只在短時間中，而是在一生中都合乎完滿的德性地活動著，並且充分享有外在的善的人，就是幸福的人？因為依照亞里斯多德的幸福觀，幸福是一個目的或某種完善的東西，而一個人的將來卻是不可預見的。如若這樣，我們就可以在活著的人們中間，把那些享有並將繼續享有我們所說的那些善事物的人稱為至福的人。

▌五、快樂與實現活動

快樂既是實現活動，也是目的。快樂的過程有時與痛苦相連，例如病人治病，過程是痛苦的，病治好了則是快樂的。快樂因人而異，在亞里斯多德看來，節制的人迴避快樂，但他們卻有自己的快樂。

快樂是什麼？快樂與實現活動是什麼關係？亞里斯多德在《形上學》中對此作了相關的論述。

那些總體上是壞的過程，但就某個具體的人卻是不壞的，值得其追求；一個人總體上壞，但就其某個場合的活動卻是好的，值得別人稱讚。還有的時候，它儘管實際上不值得欲求，卻顯得值得欲求。例如：施加給病人的充滿痛苦的治療過程就是這樣。某種善的東西或者是一種實現活動，或者是一種品質，使人回覆到正常品質的快樂只某一方面令人愉悅。在這個過程中，慾望的實現活動只是還處在正常品質的那個部分的活動。因為，存在著不包含痛苦或慾望的快樂（如沉思的快樂），這是一個人處於正常的狀態而不存在任何匱乏情況下的快樂。回覆性的快樂只在偶性上令人愉悅，這一點可由以下的事實得證：在正常的狀態下，我們不再以在向正常品質回覆過程中所喜愛的那些東西為快樂。在正常的狀態下，我們以總體上令人愉悅的事物為快樂。而在向正常品質回覆過程中，我們甚至從相反的事物，例如苦澀的東西中感受到快樂。這類事物在本性上或總體上都不是令人愉悅的，所以我們從中感受到的快樂也不是本性上或總體上令人愉悅的。因為，正如令人愉悅的事物不彼此相同一樣，由此產生的快樂也同樣不相同。

快樂並不會伴隨所有過程，也不是一個過程。快樂既是實現活動，也是目的。快樂不產生於我們已經成為的狀態，而產生於我們對自己的力量的運用。快樂也不是都有外在目的的，只有使我們的正常品質完善的那些快樂才有這樣的目的。所以說快樂是感覺的過程是不對的，最好是把過程這個詞換成我們的正常品質的實現活動，把感覺的換成未受到阻礙的。還有一些人把快樂看作是過程，是因為他們把過程看作某種善，把實現活動看作過程。然而實現活動與過程是不同的。

在快樂中思考和學習，會使得其結果更有效。快樂的活動沒有技藝，這是很自然的。因為，任何技藝都不產生實現活動，而只產生一種能力，儘管製造香味和食物的技藝被看作快樂的技藝。節制的人迴避快樂，明智的人追求無痛苦，甚至兒童與獸類都追求快樂這幾條意見，可以由同一個道理來作回答。我們已經說明，在何種意義上快樂在總體上是一種善，以及在何種意

義上並非所有快樂都在總體上是善。獸類和兒童追求的就是並非在總體上是善的快樂。明智的人所追求的就是避免由於缺少這類快樂而產生的痛苦。這些快樂也就是含有慾望與痛苦的肉體快樂（因為，肉體快樂才具有慾望與痛苦），或表現著放縱的肉體快樂的極端形式，所以節制的人避免這樣的快樂。因為，節制的人也有自己的快樂。

六、快樂與幸福

快樂與幸福密切相聯，卻也不盡相同，對此，亞里斯多德總結了三點：其一，大多數人認為幸福是快樂的，這是由於快樂是未受阻礙的實現活動，而幸福是在未受阻礙實現活動的品質之中。其二，人與獸追求的快樂不同。其三，幸福的人生活愉悅是因為其快樂與實現活動是某種善。

痛苦由於是惡，所以應當避免。它或者在總體上是惡，或者因以某種方式妨礙實現活動而是惡。與惡的、應當避免的東西相反的就是善。所以快樂是某種善。

同時，亞里斯多德也指出，快樂是好是壞，不能說明這種快樂能否成為最高的善。這正如儘管某些科學是壞的，某一種科學仍然可以是非常好的一樣。亞里斯多德對此進行了詳細的闡述。

首先，如果每種品質都有其未受阻礙的實現活動，如果幸福就在於所有品質的，或其中一種品質的未受到阻礙的實現活動，這種實現活動就是最值得欲求的東西。而快樂就是這樣的未受到阻礙的實現活動。從這一點來看，即使大多數快樂是壞的或在總體上是壞的，某種特殊的快樂仍然可以是最高善。正因為這一點，人人都認為幸福是快樂的。也就是說，人們都把快樂加到幸福上。這樣看是有道理的。因為，既然沒有一種受到阻礙的實現活動是完善的，而幸福又在本質上是完善的，一個幸福的人就還需要身體的善、外在的善，以及運氣，這樣，他的實現活動才不會由於缺乏而受到阻礙。但是由於幸福還必須有運氣，有些人就認為幸福就等於好運。但是事情並非如此。如果過度，好運本身也會成為阻礙。這樣，它也就不配稱為好運了。因為只有和幸福聯繫在一起，它才能稱為好運。

其次，如果獸類和人都追求快樂，這就表明它在某種意義上的確是最高的善，但是人們追求的是不同的快樂，儘管都在追求著快樂。因為，沒有哪種本性或品質是對所有人都最好或顯得最好的。不過，他們也可能實際上在追求同一種快樂，而不是在追求他們各自覺得或口頭上說自己在追求的那些快樂。因為，自然使所有存在物都具有神性。但是肉體快樂具有了快樂的總稱，因為它是我們接觸得最多且人人都能夠享受的快樂。所以，人們就認為只存在著這樣的快樂，因為他們只知道這些快樂。其三，如果快樂與實現活動不是某種善，幸福人的生活顯然就不是令人愉悅的。因為，如果快樂不是某種善的東西，他要快樂做什麼？正好相反，他的生活將會是痛苦的。因為，如果快樂既不善也不惡，他為何要躲避它？而如若一個好人的實現活動不比其他人更愉悅，他的生活也就不會比別人更愉悅。

▌七、肉體快樂

肉體快樂是與放縱相關的，不值得欲求，這是某些人的意見。但是，事實並非如此，亞里斯多德提出了肉體快樂值得欲求的原因：其一，它驅開痛苦；其二，它十分強烈，有些人卻只享受強烈的快樂。

亞里斯多德對肉體快樂有較為客觀的認識。

有些人反對肉體的快樂，認為這些是與放縱相關的，不值得欲求，而高貴的快樂則值得欲求。亞里斯多德認為，持這種意見的人應當考察一下快樂的性質。如果這樣說是對的，如果與惡相反的是善，那麼與快樂相反的痛苦則是惡了。但這顯然是錯誤的。如果不是惡便是善，那麼必要的這類快樂就是善的東西，或者，在一定範圍內就是善的。因為，儘管有些品質和過程在善這方面不存在過度，因而也不會有過度的快樂，但在另一些品質與過程中的確存在這種過度，因而會有過度的快樂。在肉體快樂方面存在過度。壞人之所以成為壞人，就是由於過度追求不必要的肉體快樂。所有的人都在某種程度上享受佳餚、美酒和性快樂，但不是每個人都做得正確。痛苦方面的情形則與此不同。人們躲避的不僅僅是過度的痛苦，而是所有痛苦。因為，過度快樂的對立面不是痛苦，除非對追求過度快樂的人才是這樣。

亞里斯多德認為，對真假都應以說明，因為說明了那些虛假的意見，則可使人們增強對真實的意見的信念。當充分說明了某種看似真的意見並不真時，人們對於真實意見的信念就會增強。亞里斯多德接下來又談到了為什麼肉體快樂顯得比其他快樂更值得欲求。首先，這是因為它驅逐開痛苦。過度痛苦使人們追求過度快樂，一般來說是因為過度的肉體快樂與痛苦的鮮明反差，且這種快樂顯得十分強烈，所以人們追求它（有些人不把快樂看作是好的有兩個原因。首先，有些快樂是出於壞本性的行為，這種本性有的是天生的，例如獸類，有的是由習慣養成的，例如壞人。其次，其他的快樂是從匱乏向正常品質回覆過程中的快樂，而處於正常的狀態比處在向它回覆的過程中要更好。但是這些快樂又是伴隨著一個走向完善的過程的，所以它們在偶性的意義上又是好的）。第二，這是因為它強烈。有的人不能享受其他的快樂，只能享受強烈的快樂（例如故意使自己饑渴）。這種事情如果無害，便也無人反對。但是如果有害，那就是壞事情。這些人這樣做是因為他們沒有其他的快樂。對他們來說，中等的感覺就等於痛苦（這是因為，動物的機體經常處於痛苦狀態。自然科學家告訴我們，看和聽都是痛苦的，不過我們已經變得習慣了）。

同樣，青年人由於發育而陶醉，因而青春就是快樂。此外，那些好激動的人總是需要回覆到正常的狀態。由於性格的原因，他們的身體總是處於躁動之中，他們的欲求也總是很強烈。而快樂，不僅是相反的快樂，而且是偶發的快樂，只要是強烈的，都驅除著這種痛苦。所以，衝動的人會變得既放縱又快樂。與此相反，不帶痛苦的快樂就不存在過度。這些快樂自身就是令人愉悅的，而不是在偶性上令人愉悅的。所謂偶性上令人愉悅的，指的是那些治療性的東西。實際上，只是由於正常品質還殘留的部分的作用，它們才產生治療的作用，那個過程才使人愉悅。相反，那些激起正常本性的活動的事物，則是本性上令人愉悅的。

亞里斯多德認為，人們不會永遠對同一事物感到愉悅，因為人的本性不是單純的，而是有另一種成分（所以有死亡的存在）。其中一種成分的活動必定與另一種成分的本性相反。而當兩者平衡時，它們的活動就既不痛苦也

不快樂。如果有某種存在的本性是單純的，同一種活動就會永遠令他愉悅。所以，神享有一種單純而永恆的快樂。

因為，運動和不運動都有實現活動。而快樂更多地是在靜止中，而不是在運動中。「變化是甜蜜的」，詩人說，因為人有劣性。所以，正像變化多的人是劣性的一樣，變化多的本性也是劣性的。它既不是單純的，也不是公道的。

▌八、友愛的終止

現實生活中，往往有原本志同道合的友人因為某些事物而分道揚鑣。友人的改變或是自己的改變是分開的主要原因。終止友愛是十分自然的現象。但是，如果不是由於極端的惡而分手，人們在昔日好友需要支持時，仍應有所關照。

朋友改變成另外一種人時，我們是否應終止對他的友愛呢？如果是快樂的或有用的朋友，當一個朋友不再使人快樂或不再有用時，終止這種友愛是很自然的。亞里斯多德認為，人們讚揚的是朋友的品質。一旦這些品質消失了，人們自然地就不再愛他們了。如果人們愛一個朋友是因他令人愉悅和有用，卻裝作是因他的道德，他就會抱怨。

就像亞里斯多德在前面就說過的，當友愛不是原來所想像的樣子時，朋友間最容易產生分歧。如果一個人自己犯了錯誤，認為別人是因他的道德而愛他，而別人卻不是，他就只能責怪自己。如果他發現被別人的偽裝欺騙了，他就會理所當然地抱怨。這種抱怨比對騙錢的人的抱怨更強烈，因為友愛比錢更貴重。如果人們交往的好人變壞了或者他們認為他變壞了，人們應該怎樣做呢？

也許，大多數人們不大可能再愛他，因為（不是所有東西）只有善的東西才可愛，壞人不可愛而且愛他是錯誤的，因為不應該愛壞的東西，也不應該讓自己去愛不可愛的東西。而且前面說過，同類愛同類。那麼，人們要立即終止這種友愛嗎？亞里斯多德認為，或者，也許不是對所有的人，而只是

對不可救藥的壞人才這樣做。因為，那些人若還可以改正，他們更需要的也許是道德上而不是錢財上的幫助。對友愛來說，這比錢財更重要。但是，終止這種友愛也沒有什麼不自然。因為，他已經不是以前所指的那種人。所以，如果朋友已經變了並且無法挽救他，就與他分手。

如果與人們交往的人的德性大大提高了，而人們一如既往，那麼人們還能與這些人做朋友嗎？如果這種差距是很大的，例如和孩提時的友愛相比差距就很大，事情就比較明顯。因為，如果一個人的理智仍然是孩提時的理智，另一個卻成為出色的男子漢，志趣與好惡都十分不同，他們怎麼能繼續做朋友呢？畢竟，他們甚至是不願彼此相處的。而如果不能彼此相處，他們就不能夠做朋友。但這一點亞里斯多德已經談到過了。那麼，對這樣一個人是否就應當視同與他沒有做過朋友一樣呢？亞里斯多德認為，或者，也許人們應當回憶在一起的時光。而且，如果人們認為對朋友的關照應當與對陌生人的關照不一樣，那麼，只要不是由於極端的惡而分手，因過去的友愛之故，人們也應當對昔日的朋友有所關照。

九、友愛與自愛

一個自愛的人往往對他人也是友愛的。友愛有多種特徵，這些特徵都存在於一個公道的人與他自身的關係之中。公道的人要求身心一致，希望他自身得以保全，甚至希望與其自身一起生活。壞人有部分以上具有公道的人的特徵，但他們身心不一致，所以壞人總處於矛盾、痛苦、悔恨之中。

亞里斯多德認為，由於個人自身的狀況，一個人可能會對鄰居友善具有友愛的特徵。一個朋友是因另一個人自身之故而希望並促進那個人的善或顯得是善的事情的人；或因另一個人自身之故而希望他存在著、活著（這是母親對於孩子的，或吵過嘴的朋友相互間還保有的那種感情）的人。他說：「一個朋友是希望與我們相互同情、智趣一致，或者悲歡與共（這些也是母親具有得最多的感情）的人。」

人們總是以其中的某種友愛特點來規定友愛。然而，這每一種特徵都存在於一個公道的人（以及其他的人——就他們把自己視為公道的人而言，可

見正如亞里斯多德已經說過的，德性和好人就是尺度）同他自身的關係之中。因為首先，公道的人全身心地追求同一類事物，他希望並促進著自己本身的善（因為一個好人就是要努力獲得善），並且是因他自身之故（因為他追求善是為著他自身的理智的部分，而這個部分似乎是一個人的真實自身）。其次，他希望他自身——尤其是其思考的部分——活著並得到保全，因為存在對好人來說是善。對他來說，每個人都希望自己得到善，但是沒有人願意成為另外的一種存在，即使因此而得到所有的善（例如神現在所享有的善）。第三，他希望與他自身一起生活，因為他自身使他快樂。回憶令他心慰，所期望的更為美好，兩者都令他愉悅。而且，他的思想中充溢著沉思。第四，他同他自身悲歡與共。因為，同一些事物同時——而不是不同事物不同時——使他感受到痛苦與快樂。所以，他不會悔恨。由於公道的人同他自身的關係具有所有這些特點，並且他怎麼對待自身便怎麼對待朋友（因為朋友是另一個自身），所以友愛便被說成是具有其中的這種或那種特點的，具有它們的人便被稱為朋友。至於一個人是否能與他自身做朋友，亞里斯多德沒有做過多的討論。不過他認為，在一個人具有兩個或更多的部分的意義上，從剛才所談到的，以及從對另一個人的友愛的極端形式酷似一個人同他自身的關係這點來看，似乎可以說存在著這種友愛。

　　無論是好人，還是壞人，大都有剛才所描述的特徵。也許，他們具有這些特徵，是因為他們還肯定自己的德性，還認為自己是公道的人。因為，最壞的人和不敬的人都不具有或看來不具有這些特徵。其實，壞人基本上都不具有這些特徵。因為，他們與他們自身不一致：他們欲求的是一種東西，希望的是另一種東西。不能自制者的情形也是這樣。他們選擇的不是他們認為善的東西，而是令其愉悅但有害的東西。另一些人則由於怯懦和懶惰而不去做他們認為是對自身最好的事情。那些做過許多可怕的事情的人甚至由於其罪惡而仇視生命。他們逃避生活，殘害自身。壞人總想同別人湊在一起來逃避與他自身獨處。因為，他們在與自身獨處時會回憶起許多壞事，並且會想做其他這樣的壞事情。如若和別人在一起，他們就會忘記這些。由於沒有可愛之處，壞人對他們自身並不友善。所以，他們不能與自身共歡樂和相互同情。因為，他們的靈魂是分裂的：一個部分因其邪惡對缺乏某種東西感到痛

苦，另一個部分則對此感到高興；一個部分把他拉向這裡，另一個部分把他拉向那裡，彷彿要把他撕裂。如果不能同時感受快樂和痛苦，一個人享樂之後很快就會感到痛苦，他會希望自己沒有享受那種快樂。因為壞人總是悔恨。所以，亞里斯多德認為，壞人由於沒有可愛之處，甚至對他們自身都不友善。如果這種情形是極其可悲的，人們就應當努力戒除邪惡，並使自己行為公道。這樣人們才能對自身友好，也才能與他人做朋友。

▊十、友愛與善意

　　善意是突然產生的、表面性的，例如我們突然會希望某個競賽者獲勝，但並無實際幫助之意，這便是善意。可以說，善意進一步發展就會是友愛。但我們並不能說善意就是友愛。

　　友愛不是善意，雖然善意是友善的。因為，對陌生人也可以有善意，並且這種善意可以不為對方知曉。友愛卻不是這樣。關於這點，亞里斯多德已在前面說過了。善意也不是愛。因為，它不包含傾向與欲求，而這兩者總是伴隨著愛的。愛之中還包含著形成共同的道德，而善意則是突然產生的。例如：我們會對某個競賽者突然產生善意，希望他獲勝，但是並不打算提供實際的幫助。這種善意是突然產生的、表面性的。所以，善意是友愛的始點。這就像視覺上的快樂是性愛的始點一樣。沒有對另一個人的形象上的愉悅感就沒有性愛。但是，有了這種愉悅感不一定就是性愛。只有對方不在場時就想念，就欲求著那個人到來，才是性愛。同樣，沒有善意兩個人就不會成為朋友，但有了善意也不一定因此就成為朋友。因為，他們可能只是希望對方好，不打算實際地做什麼，也不因此去找麻煩。

　　由此亞里斯多德得出，善意是未去發展的友愛。如果繼續下去並形成共同的道德，善意便成為真正的友愛。然而這不可能是有用的友愛或快樂的友愛，因為這些友愛裡不存在善意。一個人做出善舉，被幫助者以善意來回報，這是公正的。如果一個人希望別人好是期望自己能從後者那裡得到好處，那就不是對別人的善意，而是對自己的善意。這就像因為有用而對另一個人好的人不是真朋友一樣。總體來說，善意是產生於德性與公道的。當一個人表

現出高尚高貴、勇敢等情緒時，人們就會產生出善意，就像人們在觀看競賽時會產生善意一樣。

▌十一、友愛與團結

團結是每個人都把一件事同一些人相聯繫，如城邦的公民們對他們共同利益有共同認識，並選擇同樣的行為以實現其共同意見。團結並不等於每個人都在想同一件事。例如：壞人都希望自己多得好處或少出力氣，卻不希望別人也這樣。

亞里斯多德對團結也有獨到的見解。

團結不是共同的意見，似乎它也是一種友善。因為，共同意見可以產生於與陌生人之間。它也不是關於某個問題（如天體）的共同認識（因為這樣的團結不是友善）。但是當城邦的公民們對他們的共同利益有共同認識，並選擇同樣的行為以實現其共同的意見時，我們便稱之為團結。所以，團結是就團結起來要做的事情，尤其是那些關係到雙方乃至所有人的目的的大事情而說的。對此，亞里斯多德進行了舉例說明。例如：一個城邦的公民決定要透過選舉來分派公共職司，要與斯巴達結盟，或要讓畢達科斯當治理者（如果他本人願意），就是這樣的大事情。如果每個人都像《福尼克斯》中的那兩個人那樣想自己當治理者，就會引起爭端。因此，每個人都在想同一件事不等於就是團結。團結是在於每個人都把這件事與同一些人相聯繫，例如：當普通人和公道的人都同意應當讓最好的人當治理者的時候，他們才得到了他們想要的東西。

在亞里斯多德看來，團結在某種程度上就是政治的友愛。人們也的確說它就是政治的友愛。因為它關係到利益，關係到那些影響著我們生活的事物。這樣的團結只存在於公道的人們之間。公道的人們不僅與自身團結，相互間也團結。因為，他們就好像是以同樣的東西為根基的。他們的希望穩定而持久，而不像埃夫裡普的潮水那樣流轉無常。他們所希望的公正與利益，是他們共同的追求。壞人之間不會有這種團結，除非在細小的事情上，正像他們的友愛一樣。因為他們總是想多得到好處，少出力氣。儘管他們每個人都這

樣想，他們卻不願別人多得好處或少出力氣。因為如果他們不這樣做，共同的利益就會被毀滅。其結果就是出現爭端：每個人都強迫別人出力，自己卻不想出力。

十二、施惠者更愛受惠者

施惠者更愛受惠者，這並不等同於債權人與債務人之間的關係。其一，債權人只是希望債務人的存在，這樣他才能收回自己的錢。施惠者對受惠者的愛並不是因為他身上的好處或金錢。其二，施惠者對其對象感到喜悅。其三，施惠者的愛似乎是主動的，而受惠者被愛則是被動的。

施惠者比受惠者更愛對方。在多數人看來，這緣於受惠者處於債務人的地位，施惠者處於債權人的地位：債務人希望債權人不存在，債權人則希望債務人存在。所以，施惠者希望受惠者存在並從後者那裡得到回報，受惠者則不關心回報施惠者這件事。多數人都很健忘，總想多得好處而不是給別人好處。然而，亞里斯多德認為，這種情形還有更為根本的原因。而且，債權人也不是個合適的類比。亞里斯多德對此進行了詳細的說明。

首先，債權人希望後者存在，只是他「愛」自己的錢，而並非愛債務人。而施惠者則愛與鍾愛接受他的恩惠的人，即使後者現在和將來都對他沒有用處。技匠的情形恰巧是這樣。每個技匠都鍾愛他所創造的產品，而不是被那產品——若它有生命的話——所愛。這在詩人身上最為明顯：他們過度地鍾愛他們的作品，把它們當自己的孩子來愛。施惠者的情形差不多就是這種樣子。那個接受到他的恩惠的人就是他的產品，所以他鍾愛那個受惠者，而那個受惠者卻並不愛他這個製作者。其原因在於，存在對於一切生命物都值得欲求和可愛，而我們是透過實現活動（生活與實踐）而存在，而產品在某種意義上也就是在實現活動中的製作者自身。所以，製作者愛他的產品，因為他愛他的存在。這其實很自然。因為，一個事物能夠是什麼，就在於它在其實現活動中實現了什麼。

其次，在實踐活動中，可以體現施惠者高尚高貴的品質。所以，施惠者對那個對象感到喜悅。而對受惠者來說，這種實踐中則沒有什麼高尚高貴的

東西，最多是有些不大令人愉悅、不大可愛的好處。實現活動、對未來的期望和對已經實現的東西的回憶都令人愉悅，但實現活動最令人愉悅，也最可愛。製作者所製作的產品是持久的（因為高尚高貴的東西是經久的），而它對於接受者而言的用處則是易逝的。對高尚高貴事物的回憶令人愉悅，對有用的事物的回憶則不令人愉悅，至少不像前者那樣令人愉悅。對未來的期望則與此相反。

第三，愛是主動的，而被愛則是被動的。所以，愛與友善都是優越一方的實踐結果。

第四，每個人都更珍惜他經自己勞動而獲得的成果。例如：那些自己辛苦賺得錢的人比那些透過繼承遺產而得到一筆錢的人更加珍惜錢。接受似乎不包含辛苦，而給予卻要付出辛苦（正因為這點，母親們更愛她們的孩子，因為生育的辛苦要更大些）。施惠者似乎也是這樣。

▌十三、兩種自愛

自愛分為兩類，即好人的自愛和壞人的自愛。對於一個好人來說，他必定是一個自愛者，因為做高尚高貴的事情既有益於自身又利於他人，壞人則必不是一個自愛者，他所做的事與他應當做的事相互衝突，既傷害自己，又傷害他人。從某種意義上講，他們不是自愛。

與自己相比，一個人還會更愛其他的人嗎？因為一方面，我們在貶義上用自愛者這個詞來稱呼那些最鍾愛自己的人。而且，壞人似乎做任何事情都只考慮自己，並且越這樣他就越壞（所以有這樣的抱怨，說這樣的人從來不會想到為別人做些什麼）。而公道的人做事則是為著高尚高貴的事物，並且越這樣做他就越好，就越關心朋友而忘記他自己。

現實與亞里斯多德所說的也並不完全一致。這也並不令人奇怪。因為首先，人們說人應當最愛最好的朋友，而一個因我們自身之故而希望我們好——即便我們並不知道這一點——的人才是這樣的朋友。而這些特點，以及朋友的其他那些特點，都最充分地表現在一個人同他自身的關係中。因為前面已

經說過，對朋友的感情都是從對自身的感情中衍生的。其次，所有的俗語，如「朋友心相通」、「朋友彼此不分家」、「友愛就是平等」、「施惠先及親友」等等，也都與這個說法相合。所有這些俗語都在人同自身的關係中表現得最充分，因為一個人首先是他自身的朋友。所以，亞里斯多德認為，人應當最愛他自己。這樣就自然地產生出一個困惑：既然這兩種說法都可信，那麼究竟該採取哪種說法呢？

這兩種說法應該分別看待，並在一定的範圍和方式內進行論斷。如果我們清楚了每種說法在怎樣使用自愛這個詞，這一點就會變得明朗。那些在貶義上用這個詞的人把那些使自己多得錢財、榮譽和肉體快樂的人稱為自愛者。因為，這些就是被多數人當作最高善而欲求和為之忙碌的東西。而那些使自己多得這些東西的人，也就是滿足自己的慾望，總之，滿足自己的感情或靈魂的無邏各斯部分的人。多數人都是這樣的人。所以自愛這個詞就這樣用起來。因為多數人的這種自愛是壞的。所以，這種意義上的自愛者公正地受到譴責。多數人是把在這些事物上使自己多得的人稱為自愛者，這毋庸置疑。因為，如果一個人總是做公正的、節制的或任何符合德性的事情，總是做使自己高尚高貴的事情而不是別的事情，就不會有人譴責他是自愛或者指責他。這樣的人才最應當被稱為自愛者。因為，他使自己得到的是最高尚高貴的、最好的東西。他盡力地滿足他自身的那個主宰的部分，並且處處聽從它。亞里斯多德對此做了很好的類比。一個城邦或一個組合體就在於它的主宰的部分，人也是一樣。所以，鍾愛並盡力滿足自身的主宰部分的人才是一個真正的自愛者。其次，人們說一個人自制或不能自制是就他的努斯是否是他的主宰而說的，這意味著那個主宰的部分就是他自身。此外，亞里斯多德認為，一個人的合邏各斯的行為才真正是他自身的行為，他的出於意願的行為。所以，這個部分就是一個人的自身，這毋庸置疑。而一個公道的人最鍾愛的也就是這個部分。所以，這樣一個人才真正是自愛者，不過是不同於那種貶義的自愛者的另一種自愛者。這種自愛者與貶義上的自愛者的區別，就像按照邏各斯的生活與按照感情的生活之間，以及追求高尚高貴與追求實利之間的區別一樣大。人們都稱讚和讚賞特別熱心於行為高尚高貴的人。如果人人都

競相行為高尚高貴，努力做最高尚高貴的事，共同的東西就可以充分實現，每個人也就可以獲得最大程度的善，因為德性即是這樣的善。

好人是自愛的，因為做高尚高貴的事情既有益於自身又有利於他人。壞人則必定不是一個自愛者。因為按照他的邪惡感情，他必定既傷害自己又傷害他人。所以壞人所做的事與他所應當做的事相互衝突。公道的人所做的則是他應當做的事。因為，努斯總是為它自身選取最好的東西，而公道的人總是聽從努斯。當然，公道的人常常為朋友的或其祖國的利益而做事情，在必要時甚至不惜犧牲自己的生命。他可以放棄錢財、榮譽和人們奮力獲得的所有東西，而只為自己保留高尚高貴。因為首先，他寧取一個短暫而強烈的快樂而不取一個持久但平淡的享受，寧取一年高尚高貴的生活而不取多年平庸的生存，寧取一次偉大而高尚高貴的實踐而不取許多瑣碎的活動。那些為他人捨棄其生命的人也許就是這樣做的。他們為自身選取的是偉大而高尚高貴的東西。其次，他也樂於捨棄錢財，如果朋友們能得到的話。因為這樣，朋友們得到了錢財，他得到了高尚，他仍然把最大的一種善給予了他自身。此外，在榮譽與地位上他也是這樣。他可以把這些都讓與朋友，因為這對於他是高尚高貴的和值得稱讚的。所以，這樣的人自然地是好人，因為他為自己選取的首先是高尚高貴。有時候他甚至會讓朋友們去完成某項事業。因為，讓朋友去做有時可能比自己去做更高尚高貴。所以在所有值得稱讚的事物中，好人都把高尚高貴的東西給予了自己。所以，如上面說過的，亞里斯多德認為，人應當做這種意義上的自愛者，而不應當做多數人所是的那種自愛者。

▊十四、幸福的人也需要朋友

幸福的人不可能缺少朋友。其一，朋友似乎是最大外在的善；其二，如果施惠於朋友比施惠於陌生人更高尚高貴，那樣一個好人就需要一個個承受善舉的人——朋友，所以在好運時，也需要朋友；其三，幸福的人不可能是孤獨的，如果幸福的人孤獨的享有，就不會擁有所有的善。

有人說擁有幸福的人不需要朋友。因為他們自身已經應有盡有，並且因為自足不可能再添加什麼了；而朋友作為另一個自身，只是在補充一個人不

能自身產生的東西。但是，說一個幸福的人自身盡善皆有，獨缺朋友，亞里斯多德認為這是十分荒唐的。因為首先，朋友似乎是最大的外在的善。其次，如果一個朋友就在於給予而不是接受，如果好人或有德性的人就在於行善舉，如果施惠於朋友比施惠於陌生人更高尚高貴，那麼一個好人就需要一個承受其善舉的人。正因為這樣，人們才會提出一個人是在好運時還是在厄運時更需要朋友的問題。因為人們認為，處於厄運時我們需要有人對我們行善舉，處於好運時我們又需要有人承受我們的善舉。第三，把享得福祉的人想像成孤獨的也是荒唐的。如果只能孤獨地享有，就沒有人願意擁有所有的善。因為，人是政治的存在者，必定要過共同的生活。幸福的人也是這樣。因為他擁有那些本身即善的事物，與朋友和公道的人共享這些事物顯然比與陌生人和碰巧遇到的人共享更好。所以亞里斯多德認為，幸福的人需要朋友。

既然這樣說，那麼，持前種觀點的人指的是什麼呢？他們那樣說，是不是因為多數人覺得有用的人才是朋友呢？享得福祉的人不需要這樣的朋友，因為他自身擁有所有的善。同樣，他也不需要或很少需要快樂的朋友。因為他的生命自身就令人愉悅，無須另外的快樂。由於他不需要這兩種朋友，這些人便認為他不需要朋友。但是這種看法並不真實。因為首先，亞里斯多德在一開始就說過，幸福在於實現活動，而實現活動顯然是生成的，而不是像擁有財產那樣地據有的。如果幸福在於生活或實現活動，並且一個好人的實現活動自身就是善的和令人愉悅的；如果一物屬於我們自身是令人愉悅的；如果我們更能夠沉思鄰居而不是我們自身，更能沉思鄰居的實踐而不是我們自身的實踐，因而好人以沉思他的好人朋友的實踐為愉悅（因為這種實踐具有這兩種愉悅性），那麼享得福祉的人就需要這樣的朋友。因為他需要沉思好的和屬於他自身的實踐，而他的好人朋友的實踐就是這樣的實踐。同時人們也都認為，幸福的人的生活應當是愉悅的。然而一個孤獨的人的生活是艱難的。因為只靠自身很難進行持續的實現活動，只有和他人一起才容易些。如果一種實現活動也自身就令人愉悅，享得福祉的人的實現活動就必定是這樣（因為，好人由於善良而喜歡合於德性的行為，並厭惡出於惡的行為，正如一個樂師喜歡好的音樂而厭惡壞的音樂），它就會更為持久。此外，和好人相處，正如塞奧哥尼斯所說，會使一個人變得有德性。

假如從事物的根本處考慮，一個好人自然是其他好人欲求的朋友。因為，如所說過的，本性善的事物自身就令一個好人愉悅。動物的生命為感覺能力所規定，人的生命則為感覺與思考能力所規定。而每種能力都與一種實現活動相關，並主要存在於這種實現活動之中。所以，生命主要就在於去感覺和思考。生命自身就是善的和愉悅的。因為，它是限定的，而限定性是善的東西的本性。但亞里斯多德在這裡所說的生命不是惡的、腐敗的和充滿痛苦的生命。因為，這樣的生命是無限定的，正如它的屬性是無限定的一樣（痛苦的這種無限定性在下面的討論中將更加清楚）。如若生命自身就是善的和愉悅的（它似乎是這樣的，因為每個人都欲求它，公道的人和享得福祉的人尤其欲求它，因為他們的生命最值得欲求，他們的生活有最多的福祉）；如若一個人看他就感覺到他在看，聽就感覺到他在聽，走就感覺到他在走；同樣，在進行有其他活動時也都有一個東西感覺到他在活動，因而，如果感覺就感覺到自己在感覺，思考就感覺到自己在思考，而感覺到自己在感覺和思考也就是感覺到自己存在著（因為我們把存在規定為感覺與思考）；如若感覺到自己存在著本身就令人愉悅（因為生命本性上就是善，而感覺到自己擁有一種善自身就令人愉悅）；如若生命就值得欲求，並且對於好人尤其值得欲求，因為存在對於他們是善的和愉悅的（因為那些自身即善的事物的感覺使他愉悅）；如若好人怎樣對待自己就怎樣對待朋友（因為朋友就是另一個自身），那麼，正如他自己的存在對於他是值得欲求的，他的朋友的存在也同樣或幾乎同樣值得欲求。但是，存在之所以值得一個人欲求，是由於他感覺到自己好，是由於這種感覺自身就令人愉悅。所以，一個人也必須一同去感覺他的朋友對其存在的感覺。這種共同感覺可以透過共同生活和語言與思想的交流來實現。共同生活對人的意義就在於這種交流，而不在於像牲畜那樣的一起拴養。所以，享福祉的人的存在自身就值得欲求。因為，它在本性上就是善的和愉悅的。如果其朋友的存在對於他也幾乎同樣值得欲求，那麼朋友對於他就值得欲求。而對他而言，凡值得欲求的東西就必須擁有，否則就存在匱乏。所以，亞里斯多德總結道，要做一個幸福的人就必須要有好人朋友。

▌十五、朋友需要限量

朋友不是越多越好，朋友的數的限定，就是一個人能持續與之共同生活的那個最大數量。因為一個人很難與許多人共享快樂，也很難對許多人產生同情。一個人往往擁有少數幾個朋友就能得到滿足。

每個人的朋友應該有多少呢？亞里斯多德認為，既不要太多，也不要過少。對於有用的朋友，這話是十分中肯的。因為，一個人很難回報許多人，且人生短暫也令我們回報不及。由此，朋友過多也就成為多餘，會妨礙高尚高貴的生活。所以亞里斯多德建議，人們最好不要有過多的朋友。快樂的朋友也是有幾個就可以了，就像一頓飯有點甜食就夠了一樣。但是，好人朋友是應當越多越好呢，還是應當像城邦的人口那樣，有個確定的數量？十個人構不成一個城邦，但是若有十萬人，城邦也就不再是城邦了。恰當的數量也可能不是某一個數量，而是某些限定的數量中間的一個。所以，朋友的數量也有某些限定，它也許就是一個人能持續地與之共同生活的那個最大數量（因為我們已經說過，共同生活似乎是友善的一個主要標誌）。但是，一個人不可能與許多人共同生活或讓許多人分享其生命，這毋庸置疑。其次，一個人的朋友們相互間也必須是朋友，如若他們也要彼此相處的話。但是如若有許多朋友，這件事就比較困難。第三，一個人很難與許多人共享歡樂，也很難對許多人產生同情。因為一個人可能在與一個朋友一起歡樂的同時，又需要與另一個朋友一起悲傷。所以，比較好的做法是不要能交多少朋友就交多少，而是只交能與之共同生活的那麼多的朋友。

實際上，一個人也不可能與許多人產生強烈的友愛。正因為這一點，一個人不可能對許多人產生性愛。因為性愛往往是極端的友愛，只能對某一個人產生。強烈的友愛也同樣只能對於少數的人產生。亞里斯多德的這種看法可由事實得證。夥伴的友愛只包括少數幾個人。常為人們歌頌的友愛，都存在於兩個人之間。與許多人交朋友，對什麼人都稱朋友的人，就似乎與任何人都不是朋友（除非說同邦人都是朋友），這主要是指那種被看作是諂媚的人。當然，一個人可能同許多人都有同邦人的友愛而仍然是一個公道的人且並不諂媚。但是，一個人卻不可能是許多人的朋友，並且都是因他們的德

性和他們自身之故而愛著他們。因德性和他們自身之故而交的朋友，有少數幾個就可使人滿足了。

十六、好運中的朋友與厄運中的朋友

我們在好運和厄運中都需要朋友，在厄運中，朋友的陪伴會使我們的痛苦少一些；在好運中，朋友的存在則更令我們愉悅。而朋友中遭受厄運的，我們應主動幫助；處於好運的，我們則不必太過於主動。

一個人在什麼時候需要朋友，好運還是壞運？亞里斯多德認為，人們在這兩種情況下都需要朋友。在厄運中人們需要幫助，在好運中人們需要有人陪伴，需要有人接受善舉，因為人們可能希望這樣做。所以在厄運中，友愛更重要，更需要有用的朋友。在好運中，友愛更高尚高貴，更需要有公道的人做朋友。因此，對公道的人行善舉和與公道的人相處更值得欲求。其次，無論在好運中還是在不幸中，朋友的在場都令人愉悅，朋友的同情使痛苦減輕。所以，很多人有時候竟弄不清，他們的痛苦是因朋友們真的分去了一份，還是因朋友們的在場使他們愉悅或因他們感覺到了朋友們的同情而得到減輕。痛苦的減輕到底是由於這兩種原因的一種，還是由於別的，亞里斯多德沒有做過多的討論。

不管怎樣，亞里斯多德所說明的情況的確是存在的。不過，朋友的在場似乎既給人們以快樂，又令人們痛苦。因為一方面，見到朋友這件事本身令人愉悅，尤其是當處於厄運之中時。這的確有助於減輕痛苦，因為，一個朋友如若是體貼的，他的目光和言談都使他們寬慰。因為他知道他們的品質，知道什麼使他們快樂，什麼使他們痛苦。但另一方面，看到朋友因自己的厄運而痛苦又令他們覺得痛苦。因為，每個人都不願意讓朋友因為自己而痛苦，所以，一個有男子氣概的人總是盡力不讓朋友分擔他的痛苦。除非對一切都感覺不到痛苦，否則他就無法忍受朋友為他的痛苦而痛苦這件事。他也不願意讓朋友與他一起悲哀，因為他自己從不悲哀。但是女性和女性化的男子卻喜歡別人與自己一起悲哀，並把他們當作朋友和同情者來愛。然而，人們在每件事上顯然都應當按照較好的人的樣子去做。在好運中，朋友的在場總是

使人們過得愉快，並且看到朋友因自己的善而快樂也使得他們感到高興。所以，在好運中人們似乎應當邀請朋友們來分享（因為行善舉是高尚高貴的），但是在遭遇厄運時，人們必定對是否要讓朋友知道而感到猶豫，因為，人們應當盡量少讓朋友分擔惡的東西。正如俗語所說，「厄運就都讓我來承擔吧。」

亞里斯多德認為，人們需要朋友幫助對他們費力很小，對我們卻意義重大的事情。反過來說，對於遭受厄運的人，人們應當不請自到，樂於幫助（因為做朋友就應當幫助，尤其是當對方需要而沒有提出請求的時候，這樣的幫助才對雙方都更高尚高貴，更令人愉悅）。對於交好運的朋友，人們也要樂於合作，因為他們需要朋友合作。但在分享好處時則不要那麼主動，因為急於分享好處不是高尚高貴的舉動。但是，也要注意避免因執意推卻而產生不快，有時候這種情形的確會發生。所以說，朋友的在場在任何時候都值得欲求。

第四輯 亞里斯多德的邏輯學

亞里斯多德是形式邏輯的創始人。他認為，邏輯學是一切科學的工具，其研究對象是語言，即邏各斯，但它所注重的只是語言的形式而不是語言的內容。他還提出了所謂的三段論。這個理論在後來的兩千多年裡，在西方一直是唯一被承認的論證形式。

▍一、邏輯學概論

《工具論》是由呂克昂學園第十一任主持人安德羅尼訶編輯而成的。它包括亞里斯多德六篇邏輯學著作：《範疇篇》、《解釋篇》、《前分析篇》、《後分析篇》、《論題篇》、《辨謬篇》。本小節對這六篇著作僅作簡要的概述，後文會進一步對此進行闡說。

亞里斯多德的《範疇篇》、《解釋篇》、《前分析篇》、《後分析篇》、《論題篇》、《辨謬篇》六篇邏輯學被呂克昂學園第十一任主持人安德羅尼訶編著成一書，稱為《工具論》。

《範疇篇》共十五章，研究了同義詞、多義詞以及在語言表達中語詞的表達形式和組合形式，是專門論述哲學範疇的著作。

這篇著作對實體、數量、性質、關係、對立、運動等範疇作了許多論述，它第一次對範疇進行了分類。對實體這一範疇論述尤為詳細。他明確指出第一性實體是客觀獨立存在的個別事物，其他一切東西和範疇都依賴於它而存在；作為第一性實體的「屬」和「種」，乃是第二性實體。這是亞里斯多德對「實體」所作的一種解釋。他從「關係」出發引出「相對」範疇，在一定程度上表述了事物相互聯繫和相互依存的道理。在後幾章中，他又論述了「對立」、「反對」等一些常用術語的含義。

《解釋篇》共十四章，它十分強調確定「名詞」、「動詞」、「句子」、「命題」等定義的重要性，主要討論判斷或命題。亞里斯多德把命題看作是判斷形式的邏輯分析。他提出了肯定命題和否定命題，而且特別研究了矛盾

命題和相反命題的區別。相反命題不可能同時都是正確的或者錯誤的，而矛盾命題，則有時可能兩者都是正確的或者錯誤的。此外，他還分析了各種矛盾命題，如：可能有這件事，不能有這件事；偶然有這件事，必然有這件事等。亞里斯多德在這裡講到了必然性和偶然性的關係問題。如果沒有偶然性，一切事情就都是注定的；如果沒有必然性，一切事情也就成了隨便發生的了。在談到可能性和不可能性這個矛盾命題時，涉及到可能性和現實性的關係，認為「可能性」這個詞在一種情況下被用來指已經實現化了的東西；在另一種情況下指能夠實現化的東西。

《前分析篇》分二卷七十三章，上卷討論了三段論的結構，認為三段論必須具備兩個前提，而且兩個前提的大詞和小詞必須透過中詞加以連接，結論是兩個前提某種結合的結果，主要討論了邏輯的三段論推理。

他指出，三段論式的格由中詞的位置決定，如果中詞在兩個肯定前提中，一為主詞，一為賓詞，或者是一個肯定前提的賓詞，而又是一個否定前提的主詞，這就是第一格；如果中詞是肯定前提的賓詞，同時又是否定前提的賓詞，這就是第二格；如果中詞是兩個肯定前提的主詞，或是一個肯定前提的主詞，另一個否定前提的主詞，這就是第三格。他還指出，三段論的推理中，前提是重要條件之一，他強調前提的真實性問題。另外，三段論推理，必須依據一定的規則進行，才能得出正確的結論。

《後分析篇》分二卷五十三章，邏輯中的科學論證是其主要討論的內容。

亞里斯多德認為，科學知識就是一種借助於證明而獲得的知識，而這種證明就是科學證明或科學推理。關於科學證明的重要性及其在邏輯中的地位，亞里斯多德指出，科學知識不是由感性直接得到，而是必須透過科學證明獲得。「我們不可能借助於感覺而獲得知識，因為感官得到的東西必定是個別的，而知識所要知道的東西卻是一般的東西」。同時他還認為，科學證明的前提必須是真實的，第一性的，沒有這一條件也許仍然可作為三段論式，但這種三段論既不能產生科學知識也不能成為論證。下卷研究了科學證明中的因果關係，認為科學研究的目的就是尋找事物所以然的原因。在因果關係上，亞里斯多德提出了原因的四種形式，以及一因一果，一果多因的問題。

　　《論題篇》共八卷八十三章，辯論中證明的方式和方法是其主要討論的內容。這篇著作是《工具論》中分量最重的一部。該書開頭指出：「本著作是為了使人們認識到怎樣根據一般所能接受的意見，對於向我們提出的問題加以辯論，並且遇到反駁時不自相矛盾。」他提到關於辯論的好處：辯論使理智得到鍛鍊，並能夠發現問題，明辨是非，在辯論中經過正反的評論得到真理。他認為，在辯論中選擇前提是重要的，它可以迫使對方在承認前提之後，接受由這些前提推出的結論，但也必須注意到，前提越多便越難得出結論。他指出，辯論常依賴於定義，但要建立正確的定義是不容易的，因為定義必須符合、適用於全類事物，如有一個例外，定義就會被推翻。辯論時的各種反駁形式都被他一一列舉了，其中最重要的就是抓住問題的關鍵，指出對方錯在哪裡。

　　《辨謬篇》共三十四章，邏輯謬語和反駁的方式是其主要討論的內容。除緒論和結論外，其餘分別討論：謬誤的種類和產生的根源，以及對付謬誤的各種方法。亞里斯多德是針對當時流行的智者派的詭辯術寫的本書，目的是為了弄清在辯論中發生錯誤根源的性質和數目，指出論敵所犯的錯誤。這篇著作一開頭就提到真正推理和詭辯推理的區別所在，指出由於真實和虛妄之間有一種相似，所以有些看起來好像是推理，其實不是真正的推理；詭辯家進行的種種論證和狡辯，看起來好像他們很有智慧，其實乃是一種智慧的假象。詭辯術是一種憑藉外表的智慧來追逐錢財的技術。詭辯家就是透過這種詭辯術，「為了得到聲望，然後用這種聲望來獲得金錢的人」。

　　亞里斯多德將邏輯謬論分為以下兩類：一類是語言方面的謬誤、語意雙關、用字歧義、字的含糊結合、分離、重音放錯、語用語法形式；另一類不屬於語言方面的謬誤，偶然性，即混淆了事物的本質和其偶然性，以點概面；錯認因果，即認為因果可以相互換位，證明和反駁的論據未弄清，非因而誤因，把幾個問題當作一個問題來處理。對付第一類謬誤的辦法，就是依靠那種論證關鍵所在的論點的對立面，例如：如果論證的關鍵在於誤合，其消除辦法就是分離。亞里斯多德沒有具體論述解決第二類謬語的方法，只是原則上提及：反擊其狡辯的地方，有時針對對方提問題的方式進行反駁，有時針對對方的論據進行反駁；也可以攻擊論敵本身，或拖延時間，便於從容應付。

■二、邏輯學之父

　　亞里斯多德被稱為「邏輯學之父」，他是正式邏輯學的創始人，其邏輯學簡單而充滿考辯，是值得我們深思的。他將希臘哲學中思維辯證形式上升為一門獨立的學科。後人如黑格爾稱讚其邏輯學為「一部給予它創辦人深刻思想和抽象能力以最高榮譽的作品」。

　　「至今沒有任何一個邏輯學家可以和亞里斯多德相提並論，他被稱之為『邏輯學之父』是當之無愧的」。「已經研究了辨證思維的最基本形式」的亞里斯多德便是正式的邏輯學創始人，他首次把人的思維當作專門的研究對象進行精密的分析。

　　簡單而充滿考辯的亞里斯多德的邏輯學中，值得我們深思之處甚多，儘管「顯然裡面存在著一些在今天已經被驗證是錯誤的東西，但卻幾乎依然凌駕於所有時代的邏輯作品之上，表現著一種精闢和樸素的邏輯美感」（黑格爾語）。他創立了正式的邏輯體系，使之成為一種極好地概括古代文明成就的工具；在系統概括邏輯及探討邏輯學的功用方面作了巨大的貢獻。他將邏輯分為演繹（從一般到個別）和歸納（從個別到一般）兩個方面，尤其值得注意的是，亞里斯多德在邏輯學中透過反詭辯的鬥爭來維護了一部分唯物論科學的原則；同時，他在其中提出，思想在論斷和證明過程中有著必然的聯繫，並指出邏輯學的規律是客觀的、自有的，而非人為臆造的。

　　柏拉圖的理念論和亞里斯多德的邏輯學在希臘時代是公認的兩個學術權威。在後來的羅馬末期和基督教世界初期，亞里斯多德的形上學論又代替柏拉圖的理念論，成為新的哲學綱領，這使他在漸漸被人遺忘的柏拉圖之後被捧到了罕見的高度。亞里斯多德的邏輯演繹法的目的並不僅僅限於詮釋知識的範疇和世界的結構，而且還在於提供一個思維範疇所能達到的系統，企圖從最原始的觀察中抽取某種看來是最本質和最武斷的東西，這也就是笛卡爾後來說的「優先思維現象」。

　　希臘哲學中純粹的思維辯證形式自亞里斯多德開始逐漸運動上升為一門獨立的學科。

　　黑格爾曾經讚譽亞里斯多德的邏輯學「是一部給予它創辦人的深刻思想和抽象能力以最高榮譽的作品」。它在思想史上首次把思維和表象兩種形式有機地結合在一起，「把思維與質料性的東西分開來並且加以把握，這種能力在實際中幾乎表現得更高，如果當思維是這樣與質料混合在一起，並且變化多端、能夠有無數的用途的時候，竟然能夠把握它的話。」（黑格爾《哲學史演講錄》）在他的全部邏輯學中，亞里斯多德不僅考察思維的運動，還考察表象思維的形式。同時，亞里斯多德是第一個明確界定「真（真理）」與「假（謬誤）」兩個邏輯範疇的希臘人。指出「真」是思想符合現實的情況，而假則是思想把現實中聯繫著的東西強行分開或把無關係的東西附會成有關係的情況。在另一方面，亞里斯多德將排中原則列為邏輯學的基本原則之一：「如果說，現在『真』不過是對『假』的否定，或者反之的情況，那麼，雙方不可能全都是錯的，因為矛盾的雙方中一定有一方是正確的。」

　　然而，兩千多年前就已存在的亞里斯多德的學說雖然超越了他所有前人的研究成果，卻無法永遠在時間的流逝中保持這種優勢，尤其在形式邏輯和辯證邏輯相繼迅速發展的今天更是如此。

▌三、範疇與語言

　　範疇學說的制定是亞里斯多德的功績之一。它的地位在於，使這門學問和概念判斷一樣，從思維的形式進而涉及到思維的內容中。他開始使用種、屬、共相、個體這些概念。對亞里斯多德的「範疇」，羅素給以了有限的評價，他認為「範疇」在亞里斯多德乃至後來的黑格爾和康德那裡都是一種不可知的空泛玄虛理論，沒有明確的觀念。

　　相、種、存在的各種範疇和本質的規定是《範疇篇》主要涉及的內容。它們可以用來對現存物質世界進行分類，述說其本質性也可被用來描述一般性質的具有普遍意義的概念。

　　語言的形式首先被亞里斯多德討論。在《範疇篇》中，亞里斯多德規定的述說形式包含「定義」和「說話」兩部分，它不僅被用來表達一定的概念，還用來說明「一個主體而絕對不會存在於主體」的內容。亞里斯多德據此將

語言的類別分為簡單和復合兩種，簡單的語言如「人」、「奔跑」；復合的語言如「人奔跑」。簡單的語言本身就存在於事物之中，是事物主體但非個性的性質之一；復合的語言是獨立於事物主體之外的主觀加以聯繫的關係。在亞里斯多德看來，語言相似於柏拉圖論及的理念，與事物聯繫卻又可以單獨存在而發揮作用。

然而，語言並非理念，它不是事物固有的原型，也不是唯一不變的永恆存在。

亞里斯多德認為，在語言中，有些事物可以述說一個主體，卻並不依存於一個主體。例如：「人」能述說某一個別的人這一主體，但並不存在於這一主體之中。有些事物則存在於一個主體之中，但並不能述說一個主體，他所謂的「依存於一個主體」，是指離開了主體便不能存在。例如：某種語法知識就存在於心靈這種主體之中，但並不述說一個主體。再如，顏色「白」、「黃」存在於事物這一主體中，但並不能述說一個主體的本質特徵，而只能作為屬性的描述。有些事物不僅述說一個主體，而且還存在於一個主體之中，如「知識」既存在於心靈這個主體中，而且還述說「語法」這個主體。有些事物既不存在於一個主體中，也不述說一個主體，如某一個別的人和個別的物。這樣的事物既不存在於一個主體中，也不述說一個主體。一般說來，個體和在數目上單一的事物絕不可能述說一個主體。然而在某些情況下並不妨礙它存在於一個主體中，因為在心靈這個主體中就存在某種個別的語法知識。

另外，賓語的所有屬性也就是主詞的屬性。當用一事物來表述作為主體的另一事物時，一切可以表述賓語的事物，也可以被用來表述主體。例如：「人」可以表述某一個別的人，「動物」可以表述人，所以「動物」也可以被用來表述某一個別的人，因為這個個別的人既是人又是動物。當一些種類是並列的並且有所不同時，屬性在種類上也會有所不同。例如「動物」和「知識」這兩個種類。動物的屬性是「有腳的」、「雙足的」、「有翼的」、「兩棲的」。但這些並不是知識的屬性，因為一種知識和另一種知識的區別並不是以某一特定的賓語來確定的。假如他們之間共用某一屬性，則較大的種類

可以表述較小的種類。例如都可以共用「有靈魂的」這一屬性作為特徵描述
人和大部分動物。

對於語言的此種模式，亞里斯多德並不贊成，他提倡統一語言的模式，
認為它不能給認知世界提供良好的基礎。因為每一種語言都考察了事物的一
個特性，每一種特性都必將有一個研究方向，語言和外部的聯合完全依靠主
觀作用，這應該對現存的令人迷惑的認知現象負責（亞里斯多德的意思是：
如果語言的模式是統一的話，就不會存在著許多認知上的誤解了）。很顯然，
他的觀點是錯誤的，因為正是由於語言的多樣化，進步的和非進步的語言才
幫助營造了不同發展方向的文明。但至少有一點亞里斯多德是對的，即語言
的發展不應該對事物自身的發展造成影響，這比柏拉圖所謂的「感知論製造
虛幻」大大進了一步。

接著，範疇思想被亞里斯多德劃分為十種不同的非複合詞：實體、數量、
性質（質料）、關係、空間、時間、狀態（姿態）、具有（擁有、領有）、動作、
承受（遭受）。實體，乃是一般個別的東西，如人和馬；數量，分為間斷的
和連續的，而且有些數量構成部分相互之間具有相對的位置，而有些數量則
沒有這樣的位置。如「五」、「七」兩個數字是間斷的，「五～七」則是連
續的；質料，如「白色大理石的」、「有教養的」；關係，如「一半」、「二
倍」、「大於」；空間，如「在呂克昂」、「在阿卡德米」；時間，如「今天」、
「去年」；狀態，如「坐著」、「行走」；具有，如「穿衣的」、「戴帽的」；
動作，如「切割」、「放置」；承受，如「被切割」、「被放置」。這些詞
自身並不能產生任何肯定或否定。只有把這樣的詞結合起來，才能產生肯定
和否定，這也將有助於人們全面地了解存在。因為，所有的肯定命題和否定
命題必然被看作是真實或者是虛假的。而非複合詞則既沒有虛假又沒有真實。

亞里斯多德的功績之一即制定了範疇學說，這使得這門學問和概念判斷
一樣，由思維的形式向思維的內容涉及。除去下文中我們要進一步專門討論
的「實體」外，「數量」的概念也是十分引人注目的。亞里斯多德在其間應
用自然辯證法，把這個範疇作為數學的對象來考慮。在亞里斯多德的闡述中，

數學的核心便是數量及數量所涉及的一切關係，這是一種從自然現象全部多樣性中抽取出來的有代表性的東西。

數學家只注意「只是數量的東西」……「對待現存事物也是這樣，他們是對包括熱、重量在內的一系列感性東西研究以外的學者。

亞里斯多德極高的認識與個體相對的主體，種、屬、共相、個體這些概念開始被他敏感地首先使用。「種」，用來描述一個主體，亞里斯多德更願意它被用來指代人。它存在於事物內部，被就近的事物所分享，作為全體的表達而不是一般的特殊性質。如人、馬，這些往往在邏輯中作為第一實體出現，包含著「永遠想擺脫自己的邏輯意識」，所有可以用來述說一個主體的東西便是「種」（不能述說不存在物體內部或隱藏於物體內部的東西）；「屬」比種更能被稱為第二實體，因為它更接近於第一實體。如果要說明第一實體是什麼，那麼，用屬說明就比用種說明更明白，更恰當。例如：要說明某個具體的人，用人說明就比用動物說明來得更明白。因為前者更接近於某個具體的人，而後者過於寬泛。要說明某棵樹是什麼，用樹說明就要比用植物說明更明白。「共相」，是專有的說明普遍性的東西；「個體」是「事物中存在的使之獨立並抵抗共相的東西」。從整體上看，屬較種更具實體性，屬更接近於第一實體。例如：在描述人的性質時，用到了「人」和「智慧」。前者只是普遍性的抽象描述，因此，這乃是將個體提升到理性的概念。抽去後者，並沒有根本性損失到整體，只是抗拒反射的東西失去了，而不是全部。

羅素認為，在亞里斯多德乃至後來黑格爾和康德的複述中，「範疇」都是一種不可知的空泛玄虛理論，甚至不能弄清到底有何明確的觀念。關於論及範疇的十個非複合詞，唯一可以概括的便是「不是單一的能以主觀聯繫起來」，它們表現的是事物普遍存在的特性。關係範疇是質和量的綜合，因此它們必定存在著理性的意義。當我們進行表達的時候，兩者之間的關係是有限理智的一個部分。

存在和本質在質量的關係中是第一位的，同時也必然包含著偶然因素。

▌四、關於實體

　　實體是亞里斯多德關於範疇描述最重要的部分。在他的思想裡，實體是一個涵蓋極廣的詞彙，它的意義往往限制在形上學上，特別是使人懷疑為考察方便把理念影響帶到了純哲學的思辨中，實體被他分為第一實體和第二實體。本小節對此進行了詳細的例證分析。

　　關於範疇的描述中，最重要的就是實體。在《形上學》中，我們已經了解了關於其形式上的描述。至於邏輯學上的意義，亞里斯多德把它看作為一種重要的思維動機。在《工具論》中，它接近於本質的概念，既是不能以述說主詞而且也不出現於主詞的東西——當描述一個事物的時候，儘管它是主詞的一部分，但卻不能脫離主詞而單獨存在，即為「出現於主詞」。亞里斯多德認為，實體分為第一實體和第二實體。所謂「第一實體」，即在最嚴格、最原始、最根本的意義上說，是既不述說一個主體，也不存在一個主體之中，如「個別的人」、「個別的馬」。而人們所說的第二實體，是指作為屬而包含第一實體的東西，就像種包含屬一樣，如某個具體的人被包含在「人」這個屬之中，而「人」這個屬自身又被包含在「動物」這個種之中。第一實體屬於邏輯的存在，它是與它的實際存在對立的本質，這個「實際存在」在邏輯裡面只是單純的可能性。在因果範疇中，第一實體在第二實體中的存在是一種反射的存在，獨立的第二實體本身是另外一個存在。但亞里斯多德又說：「在理性裡面，第一實體既是第二實體的存在，也是第一實體本身的存在，並且第一實體本身代表著實體的存在。」

　　在邏輯學中，亞里斯多德對實體的進一步描述，是對他的「思維即高等形式的存在」理論進行解說的深入嘗試，因為要想更好地支持形上學的觀點，就只有在具體的思維能力中確立形式的地位。

　　由此可知，當一個事物的名稱和定義被實體述說時，其種屬也一定能被表述，例如「人」這個實體，既可以說明具體的人，也可以說明人的綜合類屬，並以之作為具體的人的表語。對於實體而言，當它表述具體事物的時候，就必然存在著不同的歸屬，如某個具體的人既是人又是動物，而屬的名稱和定義都能夠表述一個實體。大多數存在於一個實體中的事物，無論其名稱，還

是其定義，都不能表述一個實體。例如「白」、「黑」都能表述一個人的膚色，它們必然存在於事物內部，卻不可能完全代表事物。一件事物必然能找出它特色的一面，但是否存在著一種本質能像亞里斯多德所說的存在於事物內部，又能代表事物本身，這還是一個問題。有時在實體中，第二實體是可能性；第一實體是存在；在描述中，同時存在第一實體和第二實體，但第一實體的前提之一是第二實體，第二實體的設定是第一實體。

　　亞里斯多德認為，實體是一個涵義極廣的詞彙，在形上學上限制了它更多的意義，而不是實踐操作上，尤其是使人懷疑為了考察而把理念的影響帶到了純哲學思辯中。他把不允許有矛盾的原則看成是邏輯思維的最高原則，也說「第一次序的實體（第一實體）只能有一個稱謂，不可能既是這件東西，又是那件東西（同一種東西）在同一意義上不可能既具有又不具有同一性質」，然而我們今天所了解的是，一個具體的事物有時和一個種屬並不是一件事情。更可能的是，它兼而多種性質——除非它像柏拉圖「理念」一樣是固有不變的。所以，第一實體的通用性也不能令人滿意，例如：我們說「亞歷山大」，必然有這樣一個人，他做了一個偉大的創舉，生活在一段不平凡的時光中，建立了一個疆域龐大的帝國，他是馬其頓人，腓力二世的兒子，年輕的王子，赫拉克勒斯的子孫……但這些都不是固定不變的，因為他本身就是一個「曾經」出現的問題，然而在描述上不存在第一實體和第二實體的問題，我們所關心的只是「亞歷山大」所經歷的事，脫離了這些事和本人的特徵，「亞歷山大」就變得毫無意義；另外，我們也必須接受一個事實，即「亞歷山大」所經歷的事要比他本人更具有實際價值，在我們說「亞歷山大」的時候，必然是有一些事情發生在他身上，這樣才使人感覺這個人曾經出現過，所以他本人（第一實體）實際上並不比他的定義更有價值。

　　亞里斯多德認為，相對於種而言，屬更能被稱為第二實體，因為它更接近於第一實體，如果要說明什麼是第一實體，那麼，用屬去說明就比用種去說明更恰當，更明白。第一實體之所以被認為比其他事物更是實體，就在於第一實體是支撐其他一切事物的載體；其他事物或被用來表達它們，或存在於它們中。屬和種的關係，就如第一實體和其他事物的關係一樣。因為屬支撐著種，人們是用種來表述屬，而絕不會反過來用屬來表述種。他的意思是，

「人」和「動物」相比，人更可以作為第一實體出現，比其他事物更是實體。但這裡的「實體」如果被仔細研究的話，實在是不可捉摸的，因為它只是存在於單純文字上的東西，不可能被單一的認知角度觀摩到的，這樣看，第一實體就不見得比第二實體更有代表性。例如：當亞里斯多德說「人」是第一實體，「動物」是第二實體，在沒有另一種實體比第一實體更能稱為實體的時候，我們明顯知道他錯了，因為我們同樣可以把「男人」、「人」和「男希臘人」、「男人」也稱為同一生物的第一實體和第二實體，所以區別事物間的本質，並不是單純在實體上劃分就可以成行的。亞里斯多德的假定來源於實體和性質的吻合，並使其數目恰好等於二，而其本身又不存在另外的屬種，不得加以區分，卻是不可能的，這就是屬於柏拉圖理念論同樣的問題，即屬和種定性的不明確，使一個技術性的修正問題造成了邏輯錯誤。所有的實體都有一個共同的特點，即不存在於一個主體中。因為第一實體既不存在於一個主體中，也不述說一個主體。很顯然，第二實體不存在於一個主體中。

從另一個角度看，似乎不是所有事物都存在第二實體的稱呼，如宇宙、黑洞、自然、社會等事物，它們本身就是空泛的，有廣義的，也有狹義的。有些詞彙自被創立以來，就多次被改變意義，形成了一種通俗的多元概念，因此對於可以表示實體的內容就難以分辨，這就是「實體」在語意上變化而事物固定不變的麻煩。

實體的最大的方便不來源於實物見證，而來源於語言描述，它只是為了把相近的東西堆積在一起而已。亞里斯多德在描述實體時給人的印象是，他在反覆強調任何一種實體形式的不可分割性。事實上，當想到某一實體的時候，可以得到什麼呢？實體具有這樣的特點，它既在數目上保持同一，而且透過自身變化而具有相反的性質。亞里斯多德試圖說明，實體只有和他自身相比才有意義，一個人不可能從前是兩個人，也不可能比他以前更像人（從進化學角度上看這些論點顯然是錯誤的）。如果一個人不存在，則實體便具有相反的否定意義。當我們考察某一事物的時候，如果具有具象的質料，我們必將看到一堆顏色，感觸到不同的質地，聽到接觸發出的聲音。如果離開了這些東西，其一定會演變成一個抽象的概念。實體便好像是一個點，所有的非主體的性質匯聚在它上面，構成複雜的堆積物；在一些抽象的概念裡，

實體的作用更加明顯，並近似於亞里斯多德的理論，例如思考、運動等一系列詞彙，很難說出它們具體指哪些行為，有時不過是為了語言學上的便利而特指一些不可知的類別。然而，提出實體的概念卻意義重大，它標誌著邏輯學開始對與哲學有關的各學科之間的混亂關係進行關注區分，這是對限定概念範疇上所做的努力，也是學術分類史上的一件大事。

亞里斯多德在《工具論·解釋篇》中定義了名詞和動詞，然後對否定、肯定、命題以及句子的意思進行了解釋。這是關於判斷和命題的一篇學說，它對肯定與否定，真假命題之間的關係進行了說明。

五、經典的三段論

三段論是亞里斯多德邏輯學中最知名的部分，主要存在於《分析前篇》和《分析後篇》中。在邏輯證明的時候，亞里斯多德犯了邏輯概念混淆的錯誤。他雖然規定了普遍與特殊的概念，但在其中有不少錯誤。儘管如此，亞里斯多德本人對其三段論評價極高，認為它是一切邏輯的基礎。在其邏輯學背後，我們可以看到亞氏努力在現實事物的發展形式中證明他的邏輯形式，他的邏輯也並不因為是形上學而顯得空洞。

在亞里斯多德的邏輯學中，關於三段論的學說是最有名的內容，在《分析前篇》和《分析後篇》中被集中命名。是從最初前提或從適當的本原出發論及的一種邏輯論證方式，同時也是普通論證時最常用的一種判斷格式。在三段論中，「最初前提」（大前提）和「本原」所指的是同一個東西。證明的本原是一個直接的前提。所謂直接的前提即是指在它之先沒有其他前提。前提是判斷的這個或那個部分，由一個詞項作為另一個詞項的謂詞而構成。如果是辯證的，它就隨便斷定任何一部分。如果是證明的，它就明確肯定某一部分是真實的。判斷的各部分是矛盾的。矛盾是在本性上排斥任何中間物的對立。在矛盾的各部分中，肯定某物為其他某物的部分是肯定判斷，否定某物為其他某物的部分是否定判斷。

把三段論的直接的本原叫做「命題」，它是不能證明的，要獲得某些種類的知識也不必把握它。任何知識的獲得都必須把握的東西被叫做「公理」。

確實存在著一些具有這種性質的東西，三段論中用「公理」這個名稱來指稱它們。判定某判斷的這個或那個部分（例如說某物是存在的，或者說它是不存在的）的這種命題，叫做假設；與此相反的命題是定義。定義是一種命題，但它不是一種假設，因為單位是什麼與單位的存在是不相同的。三段論也被稱為「三段論式」、「直言三段論」，或被一些人用「連珠說」指代。它是由一個共同概念聯繫著的兩個前提推出結論的演繹推理，包含大前提、小前提、結論三部分，每一部分都是一個直言的判斷。在《解釋篇》中，他羅列了三段論的許多不同的種類，這在後來被冠以了不同的稱呼：

1・「Barbara」（意為全部肯定「AAA」）如：

任何人都是一種兩足動物（大前提）

柏拉圖是人（小前提）

所以，柏拉圖是一種兩足動物（結論）

接著，亞里斯多德又舉出了另一種形式，如：

任何人都是一種兩足動物（大前提）

希臘人都是人（小前提）

所以，希臘人是一種兩足動物（結論）

2・「Celarent」（意為全部否定「EAE」）如：

沒有一個人是永生的（大前提）

希臘人是人（小前提）

所以，沒有一個希臘人是永生的

3・「Darli」（意為全稱肯定、特稱肯定與特稱肯定「AII」）如：

動物都能夠自發地運動（大前提）

有些動物是人（小前提）

所以，有些動物是能夠自發地運動的（結論）

4・「Ferio」（意為全稱否定、特稱肯定和特稱否定「EIO」）如：

沒有一個哲學家是不愛智慧的（大前提）

有些人是哲學家（小前提）

所以，有些人是愛智慧的（結論）

亞里斯多德稱上述四種為「三段論第一格式」，後來他又將第二格式與第三格式增加其中，在普羅迪諾時代又增加了第四格式，其實，後三種格式都可以歸併到第一種的範疇中。但他的推衍很多實際上是單向性的，比如「沒有一個哲學家是不愛智慧的」，可以說「沒有不愛智慧的哲學家」；但「動物都是能自發地運動的」卻不能被說成「能自發運動的都是動物」。在形式上，亞里斯多德所犯的錯誤是，混淆了謂語和從謂語的關係。例如：在第一個格式中，出現了「人是兩足動物」和「柏拉圖是人」等兩個論斷，由此推出「柏拉圖是兩足動物」。於是亞里斯多德就指出，「兩足動物」是人和柏拉圖的謂語。但在另一個形式「希臘人是兩足動物」中，他則說「人」是「希臘人」的謂語。語式邏輯的錯亂就這樣產生了。

我們了解到，代稱詞不一定隨著語性發生變化而變化，例如「河馬」、「鱷魚」，牠們的謂語絕對不是「馬」和「魚」，要想表達出某一邏輯的結構，如我們在初等物性詞中發現的狀態是可能的事，如果這種物性詞只依附於其結構中的某一詞性，則沒有什麼意義。亞里斯多德在論證的適用性問題上說，對於三段論及其他一切推理證明方式，其結構和內涵要麼是普遍的，要麼是特殊的；或者要麼是肯定的，要麼是否定的，絕對不能是混同的，因為從個性過渡到共性不是一兩個例證可以解決的。作為一個基本的例證，在考察的第一步裡，我們應該提及所謂理性辯證的問題，即解釋思維規律在各種不同的文化中的廣泛分布的問題。實際上，從巴門尼德開始，希臘理論家們顯然是要認識到應該設計一種規律來防止前提和定義的混用——這在畢達哥拉斯學派那裡曾經是個大問題，柏拉圖做得也相當不好。伊壁鳩魯及其斯多噶學派（後來又有許多邏輯分析學家加入），曾試圖透過訴諸「恆有的物性」，來解釋這些規則，特別是找到一種萬有的直接證明以及歸謬法方式，但諸如此類的解釋也只能是樸素的或普通的解釋。然而事實證明，正如亞里斯多德

所說：「個性和共性均是必須的，我們考慮普遍的和特殊的證明。搞清楚這一問題後，再討論直接證明和歸謬法。但有的時候，可以使我們獲得更多知識的證明即是更好的證明。因為這是證明的特長，並且我們借助事物自身認識某個特殊事物比借助他物認識它時可以獲得更多的知識，所以學者們往往認為特殊證明較好些。」他舉例說，如果我們知道哥里斯庫是個有教養的人，而不僅是知道某個人有教養，那麼我們對「有教養的哥里斯庫」就是有更多的知識。但首先這就是超過了三段論可以證明的簡單範疇，因為「有教養」在普遍性上不是一個具有衡量標準的問題。我們一定要知道「教養」的內容是什麼，及衡量「教養」本身是否屬於知識，如此才能使「教養」發生作用，因此，亞里斯多德實際上犯了邏輯概念混淆的錯誤。

對三段論中概念的使用，尤其是涉及到特殊與普遍的問題，亞里斯多德做出了一些規定。首先，三段論用於表明不是某個特殊事物而是其他事物有一個既定的屬性的普遍證明上。例如：它不指明等腰三角形，因為它是等腰三角形，所以有一個既定的屬性，而是因為它是一個三角形；相反，特殊證明卻指明正是事物自身具有這個屬性。所以，如果借助事物自身指明事物中的證明是較好的證明，而特殊證明比普遍證明更具有這種性質，那麼，特殊證明也就比普遍證明更優越。三段論便只是在給出了並不特殊的條件，才可用於特殊的情況」。第一種論證既可應用於普遍證明，同樣可應用於特殊證明。如果「內角之和等於兩直角」這一屬性不是作為等腰三角形而是作為三角形的一種形狀，那麼，知道這個形狀擁有這種屬性是因為它是等腰三角形。總而言之，如果一個屬性不屬於作為三角形的主體，但屬性卻被證明屬於主體，那麼這便不是證明。但如果它確實屬於作為三角形的主體，那麼，知道這種屬性屬於這種主體的人便具有更豐富的知識。如果「三角形」是個廣義詞，具有一個不變的意義，那麼，「三角形」一詞便不是歧義的。並且如果「其內角總和等於兩直角」這一屬性屬於一切三角形，那麼是作為三角形的等腰三角形，而不是作為等腰三角形的三角形才擁有這樣的角。因而，知道普遍的人比知道特殊的人具有更豐富的知識。由此可知，特殊證明低於普遍證明。

像亞里斯多德的其他學說一樣，三段論在豐富曲折的輪廓中，有不少錯誤隱藏其中。它引起了不少人的興趣，並進一步進行探索。首先，他混淆了

特殊與普遍論證的關係。普遍的論證只需要證明某一事物的普遍性或說明其特性中的共性就可以，但證明特殊性並不能單單依靠其不屬於普遍性就能說明。雖然普遍離開特殊便不存在，但三段論卻使人產生一種信念，即以為存在著一種證明賴以進展的具有這種性質的事物。特殊性是普遍性之外的一種屬性，其中的錯誤是割裂了特殊與普遍的概念（我們既不能說特殊是概念的基礎，也不能說普遍來源於特殊）。例如說圖形是特殊的，它必然在它的範疇中是普遍的，與別的範疇相比則無法比較。不能說平行四邊形是特殊的三角形，甚至也不能說不等邊三角形是特殊的三角形。特殊與普遍的概念只出現在假定絕對的概念裡。在另一個方向上，亞里斯多德沉迷於用三段論證明涉及存在的永不錯誤的證明和涉及不存在的錯誤證明，並認為前者在三段論中的應用會更好。這也是一個關於特殊和普遍的推理問題。例如：他提出：「關於勻稱，勻稱是一個具有明確特徵的東西，它既不是線，不是數，不是立體，也不是平面，而是不同於這一切的東西──如果這類證明更接近於普遍證明，比特殊證明更少涉及存在，並且產生了某種錯誤的意見，那麼可以推知普遍的證明不如特殊的證明。」這就是所謂的「三段論的大小性」。其實情況是不同的，單憑推斷普遍和特殊是不能說明大小性的。即使不考慮外在物性的未知性，也不能用證明的方式推知是否有大小性存在，這其實是個思維習慣的問題。

在三段論中，邏輯學家的「氣質」和「個性」表露無遺。準確地說，亞里斯多德是一個具有濃烈偏愛興趣的哲學家，他所選擇的課題往往在他的撰述中發生了變形。我們在下面所要探討正是這些被稱為「風格」的東西，它們其實是亞里斯多德的著述中和現代邏輯原則相悖的地方。亞里斯多德模糊種類的類別，這是使他的三段論備受批判的主要原因。康德所說的「大範疇」和「小範疇」在他的學說裡根本毫無概念，即認為「柏拉圖是兩足動物」和「希臘人是兩足動物」中「柏拉圖」和「希臘人」的主語作用是一樣的。但實際上，「柏拉圖」、「希臘人」和「有些人」並不是一個種類，這實際是在抹煞個體與共相之間的特殊性，並給哲學認知帶來了許多麻煩。尤為突出的是，很多人沒有把注意力放在實際論證上，而只是在邏輯推證上動腦筋，認為一個種類和個體本身是等同的，這就把無窮盡的混亂帶給了哲學。

亞里斯多德用「形式一樣」概括了「柏拉圖是兩足動物」與「希臘人是兩足動物」間的關係。然而仔細研究就會發現它們之間存在著明顯的差別，這是使三段論存在極大裂痕的地方。因為「希臘人是兩足動物」的前提是：必然存在希臘人這一實際事物，否則整個命題便要失效了。與這樣一個三段論類似：

「所有的希臘人是人，所有的希臘人都說希臘語，所以有些人是說希臘語的」；在希臘人這一範疇成立的情況下，命題即是正確的。因此，「希臘人」的前提即為兩個，可以分解為「希臘人存在」和「如果有東西被稱為希臘人，那他屬於人」的獨立結構。

「所有的獨角獸都是動物，所有的獨角獸都是獨角，所以有些動物是獨角的」；很顯然，這個命題是錯誤的。因為到目前為止，獨角獸這樣一種動物還沒有被驗證是否存在。

在命題的結構上，說「柏拉圖是人」和說「希臘人是人」是一樣的，但後者遠比前者困難。因為首先要確定要有「希臘人」這一群體存在才行，然而在三段論中並沒有包含這個邏輯推衍。在「柏拉圖是人」的論斷中，我們首先確定知道柏拉圖這個人，對於所有人來說，它應該包括聲音、影像、記述、文物等一大堆東西，於是我們幾乎可以斷定有「柏拉圖」這個人。「希臘人是人」就不同了，我們首先必須明確存在「希臘人」這一群體，其次還要了解到一個困難，即沒有一種不是人的東西可以歸併到希臘人當中，還要確證出希臘人並不包括一些不是人的東西。當然這只是在純粹語法中才有意義，在實踐中毫無先例可言；然而，從精神意義上說，一個永生的人在邏輯上卻仍然是成立的，這就使簡單的三段論有可能充斥著語式結構上的混亂。亞里斯多德認為這是一個經常發生的情況——三段論證明的屬性，在某種意義上是首要的和普遍的，即便是被證明不屬於首要的和普遍的。一般人之所以認為這是犯錯誤，是由於「他們不能發現與個體相分離的更高的東西，要麼這樣的東西存在，但它應用於不同屬的對象時卻沒有名字，要麼證明的主體碰巧是作為另一事物一個部分的整體。儘管證明適用於包含在它之中的所有特殊事物可以作為它的全體的謂項」，實際上，我們已經看到，證明仍然

不能首要地和普遍地應用於亞里斯多德的全否三段論。因此只能敷衍地說，證明首要地和普遍地應用於一個主體時，它本身首先是屬於那主體的。沒有經過歸納，就不可能從一般中取得知識，同樣，沒有感性知覺，也不可能借助歸納得到知識。這一部分代表了他關於演繹邏輯和歸納邏輯應用的理論，即認知中有關透過歸納從個別到一般的普遍過程。可見亞里斯多德對於個別到一般、感性到理性的問題的解決是失誤的。要想驗明個別命題的真理性，必須從確定的一般命題中推導出個別命題。

然而，亞里斯多德認為三段論是一切邏輯的基礎，並對它作出了極高的評價。他斷定，「三段論必須奠基於必然的前提之上，這從下面的論證中也可以明顯地看出：一個人儘管有著可以採用的證明，卻不能解釋事實的原因，那麼，他就不具有知識。如果我們肯定這樣一個三段論，當 A 作為謂項必然屬於 C 的時候，結論由此得以證明的中詞 B 卻並不與其他項處在一種必然的聯繫中，那麼，他就不知道原因。因為這個結論並不依靠中詞，中詞可以不是真實的，但結論卻是必然的」。在一切學科中，數學不是這樣的，它是完全演繹的科學，雖然其有可能用三段論法重新書寫一番，但顯然是沒必要的。但在今天存在的解析幾何中，仍能看到三段論的影子，不過這幾乎是經過嚴格的簡縮了的。如果一個三段論的問題與陳述對立面之一方的命題相同，而每門科學都有它自己三段論所依據的命題，那麼必定存在著科學的問題，它與由此可以推得適合於科學的結論的前提相應。很顯然，並不是每個問題都是幾何學的（或醫學的，其他科學亦相同），只有其根據與證明幾何定理或任何在其證明中所使用的公理與幾何學相同的科學定理（如光學）相應的問題才是，其他科學亦相同。幾何學家必須根據幾何學的本原和結論對這些問題做出解釋，但作為一個幾何學家，他沒有必要對本原做出解釋。與之相同的是其他科學的情況。

因而，亞里斯多德便認為，既然不能把任何問題提問給每個專家，那麼，對於提出的與每個給定的主題相關的一切東西，專家也不會回答。根據慣例，專家只回答屬於他自己的學科範圍內的問題。一個不是幾何學家的人跟一個幾何學家相辯論，如果他透過從幾何學本原中所證明的論點來辯論，那麼他顯然是適當的，否則就是不適當的。如果他的辯論不恰當，那他顯然就不能

駁倒一個幾何學家，除非出於偶然。所以，不應該在一群不懂幾何學的人中討論幾何學，因為他們覺察不出不可靠的論證。這種情況也適用於其他一切科學。如果知識就是我們所規定的那樣，那麼，作為證明知識出發點的前提必須是真實的、首要的、直接的，是先於結果、比結果更容易了解的，並且是結果的原因。只有具備這樣的條件，本原才能適當地應用於有待證明的事實。沒有它們，可能會有三段論，但絕不可能有證明，因為其結果不是知識。在採用三段論的時候，首先要規定什麼是辯證的命題以及什麼是辯證的問題，因為不能把一切命題和一切問題都當作是辯證的。沒有一個有意識的人會提出一個無人主張的命題，或者提出一個所有人或多數人都明白的問題。因為後者無人質疑，而前者則無人接受。辯證的命題存在於一切人或多數人或先哲們的思想，即所有或多數或其中最負盛名的先哲所提問題的意見中，而不是與這種意見相悖。邏輯學的價值高於其本質意義，這是因為人類的空間概念來源於我們自身的生理構成。隨著空間概念產生的還有數形學及幾何學等一些科學，它們是物理空間的經驗的理想化的產物。邏輯科學和形象科學是兩種不同歸屬的科學體系，數理和幾何屬於前者，其主要來源於概念資料的邏輯分類。所有的認識方法都在近代幾何學中留下了它們的痕跡。因此，關於空間和幾何學的認識論探究涉及到生理學家、心理學家、物理學家、數學家、哲學家，同樣也涉及到邏輯學家，他們只有考慮這裡提供的廣泛歧異的觀點，才能夠被帶到他們的肯定的解答。

我們在亞里斯多德的邏輯學背後，看到了世界可知性的輪廓，它是堅定的、肯定的，卻也是天真的，認識理性、能力及客觀事物的因果關係時，抱有簡單樸素的信仰，「並且在一般與個別的辯證法、即概念與感覺得到的個別對象、事物、現象的實在性的辯證法上陷入稚氣的混亂狀態，陷入毫無辦法的困窘的盲目狀態（列寧《哲學筆記》）。」亞里斯多德的邏輯學既然被定名為《工具論》，就是指它是為《形上學》服務的學科。事實的確是，亞里斯多德從邏輯學的大量證明中引申出了形上學的觀點，但由於他豐富的知識儲備和先進的邏輯學研究能力，因此，反而更遠離束縛形上學的唯心論，很少出現形上學的通病——內容空洞，把思維形式（邏輯形式）與現實存在

相剝離，相反而是努力在現實事物的發展形式中證明他的邏輯形式，不由得使人敬佩他思維的深度與廣度。

第五輯 亞里斯多德的公民教育論

亞里斯多德認為，教育的目的不僅是為國家培養有教養的公民和治國人才，而且要發展個人的天性，使年輕一代得到和諧發展，為將來的美好生活作準備。

為了實現這個教育目的，他主張順應靈魂的三個部分，對人進行體育、德育、智育三個方面的教育。關於如何進行這三個方面的教育，他提出了許多精闢的見解，有些見解至今對我們仍有啟發意義。

▌一、人的社會性本能

人是社會性的動物，與其他群居動物比較而言，這一點尤為明顯。社會在本性上先於家庭和個人，人天生就注入了社會本能，若失去了社會，失去了法律和公正，人便會墮落成最惡劣的動物。

亞里斯多德認為，人天生是一種社會性動物，只有超人和鄙夫才能在本性上而非偶然地脫離社會；就像荷馬所指責的那種無族、無法、無家之人，他們卑賤且好戰，就像是棋盤中的孤子。

而且，人更是一種社會性動物，這透過與蜜蜂以及其他群居動物的比較而易見。聲音可以表達苦樂，其他動物也有聲音，而語言則能表達利和弊以及諸如公正或不公正等；和其他動物比較起來，人的獨特之處就在於，他具有善與惡，公正與不公正以及諸如此類的感覺；家庭和社會乃是人的結合體。

按照亞里斯多德的觀點，在本性上，社會先於家庭和個人。因為整體必然優先於部分；例如：如果整個身體被毀傷，那麼腳或手也就不復存在了，一切事物均從其功能與能力而得名，事物一旦不再具有自身特有的性質，我們就不能說它仍然是同一事物。人類天生就注入了社會本能，最先締造城邦的人乃是給人們最大恩澤的人。人一旦趨於完善就是最優良的動物，而一旦脫離了法律和公正就會墮落成最惡劣的動物。不公正被武裝起來就會造成更大的危險，人一出生便裝備有武器，這就是智慧和德性，人們為達到最邪惡

的目的有可能使用這些武器。所以，一旦他毫無德性，那麼他就會成為最邪惡殘暴的動物，就會充滿無盡的淫慾和貪婪。

▌二、靈魂統治肉體

和其他動物一樣，人也由靈魂和肉體結合而成。對於人而言，靈魂是統治肉體的，否則人只會服從自己的情慾，做出惡劣卑賤之事。

由靈魂和肉體結合而成的動物，在本性上，既是統治者，又是被統治者。亞里斯多德認為，人們必須了解在最完善狀態下既具有肉體又具有靈魂的人，因為在他身上人們將看到這兩者的真正關係。雖然在壞的或在腐敗了的狀況下，肉體似乎經常支配著靈魂，因為那時就會處於邪惡和背離自然的狀態。

在亞里斯多德看來，靈魂統治肉體是憑藉專制的統治，而理智統治慾望則是依法或君主統治。很顯然，靈魂統治肉體，心靈和理智的因素統治情慾的部分是自然而且有益的。相反，兩者平起平坐或者低劣者居上則總是有害的。對於動物和人之間的關係也是如此；馴養的動物比野生動物具有更為馴良的本性。所有被馴養的動物由於在人的管理下變得更為馴良，這樣牠們便得以維持生存。較低等的動物甚至不能理解到別人的理性，牠們只服從自己的情慾。

▌三、財產的獲得方式

財產可以透過兩種方式獲得，一、透過自然賦予的方式；二、由經驗和藝術獲得。第二種獲得方式基於事物的使用和交換用途。人們往往透過交換得到生活中的必需品。在這一過程中，人們發現了鑄幣，並考慮聚斂錢幣，而獲得更多的財產。

通常情況下可透過以下兩種方式獲得財產：一是自然的賦予；二是經驗和藝術。以下，亞里斯多德對這兩種財產的獲得方式分別進行了討論。

首先，亞里斯多德討論的是如何透過自然賦予而獲得財產。人類的生活方式相互間是不一樣的。最懶惰的是牧民，他們過著遊手好閒的生活，從所

馴養的動物得到其生活資料，而不必含辛茹苦。為了尋找牧場，他們的羊群不得不到處遊蕩，而他們也不得不跟隨羊群，就彷彿耕耘著一塊活動的農莊。另一些人則以狩獵為生，這也有一些不同的種類。比如，有些人是強盜，有些人居住在湖泊之旁，或沼澤、江河、大海之畔，他們在這些有魚的地方以捕魚為業，還有一些人則以捕鳥或野獸為生，絕大多數人是以耕作土地收穫果實來獲得生活資料。

對於那些產品出於自身，食物不靠交換與零售貿易而獲取的人而言，畜牧、農耕、掠奪、捕魚與狩獵是最普通的維持生計的方式。

有些人從兩種職業中獲得足夠的生活資料，當一種欠缺時以另一種補足，所以游牧生活常常與劫掠相結合，農夫常以狩獵為補充。其他生活方式也同樣按照人們生活必需品所要求的方式相互配合著。

這類維持生計的財富，似乎自然已為所有動物準備好了。植物的存在就是為了動物的誕生，其他一些動物又是為了人類而生存，馴養動物是為了便於使用和作為人們的食品，野生動物，雖非全部，但其絕大部分都是作為人們的美味，為人們提供衣物以及各類器具而存在。如若自然不造殘缺不全之物，不作徒勞無益之事，那麼它必然是為著人類而創造了所有動物。

在技術的有關獲取中，在本性上有一種技術屬於家務管理的一部分，家務管理的技術要為家庭和城邦共同體準備好，隨時提供出生活所必須的且有用的物品，這些物品都能夠被儲存。財富的真正要素即是它們。

另外一種獲取的技術，亞里斯多德恰當地將其稱為富術，它指透過經驗和技巧來獲得財富。

人們所擁有的一切事物都有兩種屬於事物自身的用途，但方式不同，因為一種是不正當的，另一種是正當的。例如鞋子就既可用來穿，也可用來交換物品。這種物物交換並不是致富術的一個部分，也不違背自然，它對於滿足人們的自然需要乃是必須的。其他形式的交換都是從這種交換演化出來。

隨著一國的居民對另一國居民依賴性的增大，當他們引進所需將多於物品輸出時，錢幣必然開始為人們所使用。由於各種生活必需品難以攜帶，人

們在相互交往時便一致使用某種本身有用並易於達到生活目的的東西，例如鐵、銀以及這類的金屬。

鑄幣的用途一旦被人們發現就會從必須商品的物物交換中發展出其他的致富術，即零售貿易，最初這也許是一件極簡單的事情，但隨著人們透過經驗了解到從何處以及憑藉著什麼交換可以贏得最大利潤，情況就變得繁雜起來。由於致富術起源於錢幣的使用，所以人們通常認為致富術主要在於錢幣使用，並且作為產生金錢的技術，人們必須考慮如何去聚斂錢幣。

零售貿易產生的財富可以說永無止盡，但在某種意義上，沒有財富是無限的。所有獲得財富的人都在無止盡地擴大他們錢幣的數目。就像他們的慾望無止盡一樣，他們企求滿足的手段也無止盡。有些人追求美好生活，但企求的不過是滿足肉體快樂，僅熱衷於財富的獲得；就像他們的樂趣太過一樣，他們追求著一種產生過度快樂的技術；如果他們不能用致富術提供快樂，他們就會尋求其他方式，並用一種與自然相違背的方式依次使用各種能力。

四、靈魂比財富更珍貴

每個人所得到的幸福與其他具有的德性和實踐智慧，及依此行事的能力相等。一個人靈魂中的善是多多益善的，沒有什麼限制。而在擁有財富、實物、權力、聲名上則不是如此，要適度。

沒有人會說，至福的人是沒有勇敢、節制、公正和明智的。而一有蚊蠅飛過便躲避不迭的人，在飲食方面居然忽生饕餮之欲，或者為了幾個銅板便不惜毀掉自己最親近的朋友的人，心裡竟像孩童或神智不健全者一樣沒有頭腦或虛渺。

很多人往往忽視德性，而陷入對財富、實物、權力和名聲以及與之類似的事物熱切追求的誤解之中，亞里斯多德認為，幸福的生活無論是在快樂之中或在人的德性之中，還是在兩者之中，都屬於那些在品行和思想方面修養有素卻只適中地享有外在諸善的人，遠甚於屬於那些擁有外在諸善超過需用，在德性方面卻不及的人。因為外在諸善有其缺陷，就像某種工具或一切有用

途的東西都有著一個確定的限制一樣，超出其限制就必然會對其擁有者有害，或變得沒有用處；而靈魂方面的每一種善，卻是超出越多越有益處，要在這方面說些什麼的話，那就是它不僅高尚而且有用。

並且，亞里斯多德還指出，其他這些事物自然是為了靈魂的緣故才為人們選取的，所有具有良好的實踐智慧的人必須如此選取，而不是為了這些事物才選取靈魂。

一個人擁有的幸福與其德性和實踐智慧及依此行事的能力一致。神可以為此作證：神雖然享有幸福或至福，卻絲毫不憑藉外在諸善，而是憑藉自身及某種本性。這正是由此而來的幸福必然異於幸運的地方，因為靈魂以外的諸善的契因是自發的和偶然的機會，而公正和節制則完全不出於機會或憑藉機會。當然那些不行諸善之行的人是談不上行為高尚的，沒有德性和實踐智慧，無論是城邦還是個人都不可能有高尚之舉。

■五、公民應該具有的秉性

希臘人兼有亞細亞居民和歐洲居民的秉性，他們生命力旺盛又富於思想，所以他們既能自由的生活又能形成優良的政體。對於個人來說，粗暴因與對方的關係不同而不同，總體而言，粗暴是不可取的，它不是大度者的本性。

亞里斯多德認為，居住於歐洲寒冷地帶的人們，往往生活自由散漫，無政體組織，缺乏統治鄰居的能力，這是因為他們在思想和技術方面十分缺乏，雖然他們生命力都很強。亞細亞的居民較為聰穎而且精於技巧，但在靈魂方面則惰性過重，故大多受人統治和奴役。至於希臘各族，正如位於這些地方的中間地帶一樣，兼具了兩者的特性。因為希臘人既有旺盛的生命力又富於思想，所以他們既保持了自由的生活又孕育出了最優良的政體，並且只要能形成一個政體，它就具有統治一切民族的能力。

希臘各族之間也有著與前面同樣的差別，有些人性情單一，有些人則很好地結合了上述兩種能力。顯然，適合於被立法者引向德性者應當是那些既善於思辨又有旺盛的生命力的人。有些人說，城邦的衛士對熟識的人應該友

善，對陌生者就應該粗暴，而產生友善的，正是生命激情，它是靈魂的一種機能，我們因此而互愛。一個證明是，當人們認為受到了輕蔑的時候，對方是自己的同伴或朋友比對方是素不相識者更容易觸發我們的生命激情。不過，對不認識的人凶狠或粗暴並不得體，因為對任何人都不應該這樣做，粗暴不是大度者的本性。如前所說，只有在認為自己受到了同伴們不公正的對待時，才容易強烈感受到這種激情。這也是合情合理的結果。

六、透過三種途徑成為善良賢明之人

　　成為善良賢明的人是大多數人的意願，亞里斯多德認為透過本性、習慣和理性可以達到這一意願。

　　人們透過本性、習慣和理性三種途徑成為善良賢明之人。本性應當在先，比如首先必須是人而不是其他某種動物，從而他就具備了某種本性，具有了身體和靈魂。有一些自然稟賦是沒有什麼用處的，習慣會逐漸改變他們；另有一些稟賦天生就有兩種可能，受習慣薰染變壞或變好。其他種類的動物最主要靠自然本性生活，只有極少部分會受習慣影響。人類還能夠依靠理性，因為只有人才具有理性。因而，本性、習慣和理性三者應該彼此一致。很多時候為了求得更好的結果，人們往往在理性的勸導下採取了違背習慣和本性的做法，具有哪一種本性的人更容易被立法者駕馭，亞里斯多德在前面已經作過說明，對於此事情就有賴於教育。因為人們求學致知既靠習慣，亦靠聆聽他人教導。

七、閒暇也是一種德性

　　俗語云：奴隸無閒暇，閒暇是有條件的。一個城邦在閒暇時，應具備節制、勇敢和堅韌等德性。如果擁有這些條件，卻得不到閒暇，便是一種可恥了。

　　戰爭的目的是和平，勞作的目的是閒暇。因為有益於閒暇和消遣的東西，既包括人們在閒暇時也包括在辛勤勞作時所修養的德性。因為在獲得閒暇之先，須準備好許多必須的條件。所以亞里斯多德認為，一個城邦應該具備節制、勇敢和堅韌等德性。俗語云：奴隸無閒暇，那些不能勇敢地面對危險的

人免不了淪為入侵者的奴隸。勇敢和堅韌適用於勞作之時,而哲學的智慧適用於閒暇時期。節制和公正在兩種時期都是必須的,但尤其適用於和平和閒暇時期。因為戰爭迫使人們變得公正和節制,而和平的良辰美景帶來的享受和閒暇生活更容易導致人們的放縱。

那些一舉一動都受人羨慕的快樂之人更為迫切地需要公正和節制──比如說,假如果真有一些詩人們所描述的居住在「極樂群島」上的人,他們會尤其需要哲學、節制和公正,越是如此他們越是閒暇。由此亞里斯多德認為,要想成為一個幸福而善良的城邦,就必須具備這些德性。不能運用生活中的諸善是可恥的,而在閒暇時期仍不能運用它們就更加可恥了,這些卑陋之人在戰爭時期表現出良好的品質,然而一到和平閒暇時期便淪為奴輩。

▋八、關於婚姻和生育

婚姻和生育基於男女的身體狀況進行限定。女子適於十八歲左右結婚,男子適於三十七歲左右結婚。此時,雙方身體都處於鼎盛時期,生育能力也與此相一致。

關於婚姻和生育問題,亞里斯多德也進行了相關的論述。

公民和什麼樣的公民可以結婚?在立法時既要考慮這些共同的因素,又要考慮公民們的生命週期,從而使配偶雙方的年齡彼此相配而又不致相差懸殊,防止出現男方尚有能力生育而女方已經不能或女方尚能生育而男方不能的情況,因為這類事情是產生爭吵與不和的根源。然後,應該考慮公民生育子女的時間,子女的年齡不能與雙親的年齡相差太大,一則子女們對長輩的感恩之心將會十分淡漠,同時,雙親對子女也幫不上什麼忙。但子女與雙親的年齡也不能太接近,因為這樣會有許多難堪的地方,子女們將不大尊重幾乎與他們同代的父母,而且在家務管理中,大家年齡相近就難免出現許多爭吵。

一般說來,男子生育年齡止於七十歲,女子則止於五十歲,所以雙方應在這一年齡之內結合。年輕男女雙方的結合對於生兒育女是不利的,因為在

所有其他動物中，年輕的雙親新生的後代都發育不全、體格弱小，且多為雌性。故人類的情況也不會例外。以下事實可以為證：那些習慣於男女早婚的城邦，人們往往體格弱小，發育不良。在生產期間年輕母親更痛苦不堪，許多人死於分娩。

結婚偏晚，對節制也是有益的。因為一般說來，年輕的女子婚後在房事方面易於放縱自己。而男性倘若在精液還在增長的時候便行房事，就會阻礙身體發育。因此，女子適合於在十八歲左右結婚，男子適合於在三十七歲左右結婚。此時婚配，男女的身體都正值鼎盛時期，他們的生育能力的衰退也將彼此同步。此外，假如他們很合理地生育小孩的話，當子女們開始步入鼎盛年華之際，他們已年近七十，垂垂老矣，正好完成了傳宗接代的任務。

懷孕的婦女不要吃營養不良的食物，要注意保養自己的身體。

她們可以每天步行去某一寺廟，朝拜專司生育的神祇。她們的思想與身體正好相反，需要保持輕鬆和安靜。因為胎兒從母親那裡獲得自己的性情，恰如植物得之於土壤。

最好法律規定，畸形嬰兒不得撫養，而嬰兒撫養與丟棄也有應適當的規定。至於嬰兒的數量過多，可以限制每對夫婦生育子女的數量，假如在允許範圍處有了妊娠，應在感覺和生命尚未開始之前實行流產。

亞里斯多德認為，當男女在適當年齡結合後，我們就可以討論生育的問題。

因為父親年紀太大，就會像過於年輕的父親一樣，生下來的子女在身體和心智兩方面都發育不良。晚年所得的子女往往十分屏弱，所以生育子女要以智力發育的頂峰為限，詩人們以數字七作為度量年齡週期的標準，根據他們的說法，大多數人的智力發育的頂峰約在五十歲左右。

九、對嬰兒的訓練

　　嬰兒的身體狀況和營養的供給有很大的關係。奶是營養豐富的食品,對身體最適宜。一些民族為使嬰兒適應寒冷而給以殘酷的訓練,如將嬰兒置於冰冷的溪水,僅給他們裹上單薄的襁褓。

　　亞里斯多德也認為,對嬰兒進行有關訓練,可以讓他們在將來變得更強壯。

　　嬰兒的身體機能因給予的營養不同而不同。看看其他動物的情況以及那些一心想使其後代具有適於征戰的體質的民族就不難明白,奶是營養豐富的食品,對身體最為適宜,飲酒越少則越不容易生病。其次,兒童們能夠進行的所有運動對他們都有益處。為了使兒童的幼肢不致變形彎曲,如今有一些民族使用器械來保證兒童身體挺直,從幼年開始就訓練兒童抵禦寒冷是明顯有益的,這樣,其健康和戰鬥能力都可以加強。因而不少野蠻民族有把新生的嬰兒投入冰冷溪水的習俗,另有些民族則僅僅給嬰兒裹上單薄的襁褓。因為所有能夠透過習慣適應的事物,都以及早開始培養這一習慣為宜,但應當循序漸進。兒童們的溫暖體質很容易訓練得適應寒冷。

十、兒童教育

　　兒童處於教育的關係階段,應根據這一時期兒童的身體、心理特點進行不同的教育。小於五歲的兒童,不能進行任何學習任務和勞動;七歲以前的兒童要在家中撫養。

　　亞里斯多德對兒童教育提出了一些至關重要且影響深遠的看法。

　　小於五歲的兒童,若有學習或其他強制性的勞動,其身體發育將受到極大影響。同時還須注意使兒童保持一定的運動量,以免他們的肢體僵硬,透過其他一些活動或嬉戲都可以做到這一點。但這些嬉戲不應流於卑俗,不應過於勞累或過於散漫。所有這些事項都應為兒童未來的生活道路作好鋪墊,各種各樣的嬉戲玩耍應當是他們日後將熱情投入人生事業的仿照。在法律中禁止兒童們哭鬧的那些人做得並不正確,因為哭鬧有益於兒童的生長發育,

對他們的身體是一種鍛鍊。兒童們哭鬧如同深呼吸運動一樣，可以增強身體的力量。

七歲前的幼兒應在家中教育撫養。即使尚且年幼，耳聞目睹都很容易使他們染上不良習氣。哪怕是輕微的醜話也會很快產生穢行。特別是年輕人，絕不能說或者聽這類穢語。既然我們禁止這類言語，顯然也應該禁止人們觀看淫穢的圖畫和戲劇表演。要委任行政官員監察一切臨摹和圖畫，防止他們模仿淫穢的行為。

▎十一、教育是全社會共同的責任

在此小節，亞里斯多德著重對德性的培養與運用進行了探討。與今人不同的是，他認為教育是全邦共同的責任，而不是各人關心各自的子女。涉及德性，無論是古人還是今人都爭論不休，每個人因其所崇尚尚的德性不同而各執一詞。

德性的運用與其他能力和技術的運用一致，都需要訓練和適應。對教育的關心是全邦共同的責任，而不是私人的事情——今天的情況則是各人關心各自的子女，各人按自己認可的準則施教。所以，亞里斯多德強調，對於共同的事情應該實施共同的教育。同時不能認為每一位公民屬於他自己，而要認為所有公民都屬於城邦，每個公民都是城邦的一部分，因而對每一部分的關心應當同對整體的關心一致。

教育是社會的共同責任，教育內容與方式是十分重要的，不能忽視。在此，應立法予以規定。無論是有關德性還是有關最優良的生活，人們對年輕人應該學習的內容莫衷一是，至於教育應該偏重於思想內容還是偏重靈魂的倫理特性，人們同樣是爭論不休。現今實施的教育也令人迷惑難解，誰也不清楚應當進行什麼樣的訓練，不清楚應當注重生活的實用還是應注重德性的修養或卓越的知識，所有的觀點都有人稱是，一旦涉及德性問題，依然是各執一詞。因為不同的人所崇尚的德性都有所不同，從而他們關於修養德性的觀點理所當然地彼此相異。有一點很清楚，就是兒童應該學習種種必須的和實用的事務，但還不是全部實用的事務。

行為或學習的目的，為自己、朋友或出於德性都無損於自己的身分，然而若用於其他的目的，則顯得卑劣。

十二、閒暇比勞動更為可取

對年幼的兒童進行艱苦的訓練，往往會損害其身體機能，從而失去教育的目的。而體育教育並不意味使人殘暴，而是使之勇敢，這才是體育教育的所得，否則，只能使兒童成為低賤的工匠。

音樂的設置是為了教育，人的本性謀求的不僅是能夠勝任勞作，而且是能夠安然享有閒暇。亞里斯多德認為，閒暇是全部人生的唯一本原。假如兩者都是必須的，那麼閒暇也比勞作更為可取，並是後者的目的，於是需要思考，閒暇時人們應該做些什麼。自然不應該是嬉戲，否則嬉戲就會成為人們生活的目的。如果不是這樣，那麼嬉戲就更多地是在辛勤勞作時所需要（因為辛勞之人更需要放鬆，嬉戲就是為了放鬆，而勞作總是伴隨著辛苦和緊張），那麼人們只能在適當的時候引入嬉戲，作為一劑解除疲勞的良藥。它在靈魂中引進的運動是放鬆，在這種愜意的運動中人們獲得了鬆弛。

閒暇自身能帶來享受、幸福和極度的快活，忙碌之人與此無緣，只有閒暇者才能領受這份怡樂。忙碌者總是以某一未了之事為目標而終日奔波，然而幸福就是一個目標，所有人都認為與幸福相隨的應該是快樂而不是痛苦。當然，對於快樂，根據每個人的不同品格，各人自有各人的主張，最善良的人的快樂最為純粹，它源自最高尚的事物。因而顯然應該有一些著眼於消遣中的閒暇的教育課程，這些教育和學習只為了自身範圍的事物，而那些必須的有關勞務方面的教育則以自身之外的其他事物為目的。所以亞里斯多德認為，前人們把音樂歸入教育，既不是作為必須之物——因為它不具備這種性質，也不是作為實用之物——因為音樂不像讀寫，在理財、家務、求知和政治活動等方面有著廣泛的用途；也不像繪畫，有助於更好地鑑別各種藝術作品；它也不像體育，有助於健康和強壯，因為人們看不到音樂能起這樣的作用，於是，剩下的可能就是在閒暇時的消遣，顯然這是設置音樂課程的初衷。

十三、體育教育

體育教育並不能大大增強被訓練者的勇敢，相反，它易使其走向另一種極端——殘暴。同時，過度的體育訓練會阻礙青少年的身體發育。所以對青少年進行體育訓練應適可而止，透過體育訓練使他們有高尚的意識才是最關鍵的。

為增強兒童的勇敢，人們往往對其進行艱苦的訓練。然而，亞里斯多德認為，教育不能僅以一種德性或最主要地以這種德性為關心的目標。即使他們致力於這一目標，也並不能付諸實現。因為在其他動物和人群中間，人們看到勇敢並不是與殘暴結合在一起，而總是伴隨著溫順的類似獅子的性格。有許多部落的人群喜好殺戮和宰食生人，或者靠劫盜為生，沒有勇敢的品德。由此可知，首要的東西是高尚而不是殘暴，狼或其他凶殘的野獸不可能面臨一個高尚的危險，只有善良之人才有可能慷慨赴險。有些人教育兒童過於注重粗野的身體訓練，卻忽略了必要的教誨，其最終的結果是把兒童變成了低賤的工匠。他們僅僅教給兒童們於政治有用的事情，可是就是按這種做法，其結果也不盡如人意。

青春期以前的人應避免飲食嚴格限制和強制性的勞累，否則會影響其生長發育，這是人們對體育訓練作用的一致觀點。亞里斯多德對此也持肯定態度。這類訓練措施可能產生的惡果在奧林匹克競賽的獲勝者身上清楚地得到了印證，他們中最多只有二三人既能在少年時獲勝，又能在成年時獲勝，因為過早的劇烈訓練損傷了少年選手的身體機能。青春期到來之後的三年裡，應該學習一些其他課程，隨後的年齡才適於從事劇烈的運動和接受嚴格的飲食限制。因為人的思想和身體不宜同時操勞，

兩種勞動天生彼此頡頏，身體的勞累妨礙思想，思想的勞累又妨礙身體。

▌十四、音樂教育

音樂的教導適合於少年，音樂本身具有的快樂屬性，使青少年十分樂於接受。音樂的節奏和由其所模仿出的憤怒、溫和、勇敢和節制的性情，能使人明顯地隨之激情起伏，從而達到教育的效果。

音樂由於其抒懷的性能自然成為人們交往和消遣活動的一部分。

由此，亞里斯多德主張用音樂來教育青少年。因為所有有益無害的享受不僅有利於人生的終極目的，而且可以帶來輕鬆的享受。儘管能夠實現人生目的的幸運兒寥寥無幾，但是人們時常可以暫釋種種心頭重負，僅僅為求開懷而坐享這份安娛之中的輕鬆和歡愉。來自音樂的享受直抒人們的胸臆，自然是多有益處。

人們往往因為音樂可以使人輕鬆而去共享，而並非僅僅為了過去。誰能斷言音樂的本性中就不會產生比普通的快樂更為崇高的體驗呢？人們不僅從中得到彼此共同的快樂感受（因為音樂的享受是自然而然的，所以不分年齡和性情，所有人都能傾心於音樂），而且應該察覺到音樂對性情和靈魂起陶冶作用。毋庸置疑，這些音樂造成靈魂的亢奮，這種亢奮是靈魂性情方面的一種激情。

亞里斯多德認為，節奏和曲調能夠模仿溫和、憤怒、勇敢、節制等一系列性情。其效果十分明顯，靈魂在傾聽之際往往是激情起伏。在仿照的形象面前感到痛苦或快樂等，與親臨其境面對真實事物的感受幾乎相同，好比一個人面對某人的雕像時，倘若僅僅因其優美造型而不因別的緣故而生欣喜，他在親睹雕像所仿照的原型時也必定會同樣感到欣喜。

少年對音樂教導十分感興趣。青少年們由於年齡關係極不情願忍耐那些缺少快樂的事物，而音樂在本性上就屬於令人快樂的事物。而且，音樂的旋律和節奏可以說與人心靈息息相通，因此一些有智慧的人說靈魂就是一支旋律。另一些則說靈魂蘊藏著旋律。

在亞里斯多德看來，投身於音樂活動的人，其受到的影響會有很大不同。那些不參加音樂演奏的人很難或幾乎不可能成為評判他人演奏的行家。同時，

兒童們總須有事可做，阿爾古太的響器就被認為精巧適宜，這是父母為了使孩子們不致損壞家中什物給他們的玩具，因為小孩總是不能保持安分。這種響器與孩子們的童心極其吻合，所以，音樂的教育就是盡可能的讓他們親身參加演奏。

音樂的學習要遵循以下原則：不能為參加競賽而刻苦進行技術訓練，也不能追求驚奇和高超的表演，這類表演在今天的一些競賽中日趨流行，並且從競賽進入了教育體制；應以青少年達到能夠欣賞高雅的旋律和節奏的水平為限。應慎重選擇所用的樂器，笛管就不宜在教育中採用，其他需要技巧的樂器也一樣。笛管不能表達道德情操，它過於激揚高亢，故在需要引發人們的宗教情感的場合使用笛管，較之在學習中使用它更為適宜。

亞里斯多德提出，應注重技巧的音樂教育，而非參加競賽而訓練的專門技巧。因為參賽者的表演不是為了自身的德性，而是為了取悅聽眾，追求一些庸俗的快樂。所以這種行當該由雇工而不是由自由人來做，表演者因此成為低賤的工匠，因為他們追求的目的是卑下的。觀眾的低等趣味往往降低了音樂的格調，結果是專業的樂工想方設法迎合觀眾的喜好，觀眾從而造就了樂工的品行，甚至包括他們的身體動作。

旋律可分為道德情操型、行為型的和激發型之類，並且與各種曲調本性相對。這是某些哲學家的劃分。但是亞里斯多德仍然主張，音樂不宜以單一的用途為目的，而應兼顧多種用途。音樂應以教育和淨化情感為目的，所有的曲調都可以採用，但採用的方式不能一律相同。在教育中應採用道德情操型，在賞聽他人演奏時也可以採用行為型和激發型的旋律。因為某些人的靈魂之中有著強烈的激情，諸如憐憫和恐懼，還有熱情，其實所有人都有這些激情，只是強弱程度不等。有一些人很容易產生狂熱的衝動，在演奏神聖莊嚴的樂曲之際，只要這些樂曲使用了亢奮靈魂的旋律，他們就會如瘋似狂，不能自制。其他每個情感變化顯著的人都能在某種程度上感到舒暢和愉快。與此相似，行為型的旋律也能消除人們心中的積鬱。鄙俗之人喜歡聽怪異的曲調，偏好緊張和過於花哨的旋律。所以專職的樂師在為鄙俗的觀眾演出時，可以選用與他們相宜的那種音樂。在教育方面，據以上所說，則應採用道德

情操型的旋律和曲調，但同時也應接受那些通曉哲學和音樂教育的人所贊同的其他樂調。

　　飽經歲月風霜的老人應享受一些輕鬆的樂曲，而不能去唱緊張高亢的曲調。一旦老之將至，就應額外選用一些輕鬆的曲調和旋律。此外，假如某一曲調井然有序且富教育作用，就宜於在兒童時期的教育中採用。

第六輯 亞里斯多德的人生論

亞里斯多德去世前，立下了遺囑：他要求執行人給他的母親、早年去世的弟弟、撫養他成人的姐姐、姐夫建立雕像；要他的女兒嫁給姐姐的兒子；對曾侍候過他的幾個奴隸，未成年的繼續養育，成年的給以自由；留給兩個孩子的是家產，留給妻子的是他衷心的愛情；最後，按去世的前妻的意思，將自己的屍骨與她合葬在一起。

從遺囑可以看出，亞里斯多德作為理智的化身，他是一個孝敬的兒子，深情的丈夫，慈愛的父親，誠摯的兄長，真實的朋友，寬厚的主人。

在行為上，亞里斯多德的人生是完美、理智的化身，那麼在言語上，他對人生又是怎樣論述的呢？本輯將予以詳細介紹。

■ 一、模仿出於我們的天性

亞里斯多德認為，人擁有模仿的本能，人最初的知識都是從模仿而來的。人因其本性不同，模仿的對象也不同，往往嚴肅的人模仿高尚的行動，反之，輕浮的人模仿卑劣的行動。

人擁有模仿的本能，這種極強的模仿天性是人區別於動物的標準之一。人們往往能從模仿中體味到快感。事物從本身看上去儘管會引起痛感，但唯妙唯肖的圖像看上去卻能引起人們的快感，例如屍首或最可鄙的動物形象。人們看見那些圖像之所以感到快感，就是因為人們一面在看，一面在求知，假如人們從來沒有見過所模仿的對象，那麼人們的快感就不是由於模仿的作品，而是由於技巧、或著色以及類似的原因。

高尚的人往往模仿高尚的行動，反之，低下的人模仿低下的行動。

■ 二、什麼是幸福

每個人都希望自己幸福，亞里斯多德將幸福與美德、安全、財產等相結合，提出了多個幸福的因素。看來，幸福不是輕而易舉就能得到的。

什麼是幸福？亞里斯多德是這樣認為的：與美德結合在一起，幸福便體現出順境的狀態，或自足的生活；或與安全結合在一起的最愉快的生活；或財產豐富，奴隸眾多，並能加以保護和利用。如果幸福的性質是這樣的，那麼它的組成部分又必然是：高貴出身、多朋友、賢朋友、財富、好兒女、多兒女、快樂的老年；還有身體上的優點，如健康、漂亮、強壯、高大、參加競技的能力；名聲、榮譽、幸運；還有美德。一個人具有這些內在的和外在的好東西，就算完全自足：內在的好東西指身心方面的好東西；外在的好東西指出身高貴、朋友、錢財和榮譽。還要加上權勢和好運，這樣，他的生活才能完全有保障，才算幸福。

▌三、什麼是好東西

好東西因人而異，但好東西都有其共同的特點。它們本身都是可取的，它往往為多人所爭，為多人願意選擇。如幸福、正直、勇敢、節制、豪爽、大方、健康、美麗、財富、聰明等等。從事高尚的事，是好事而又令人愉快的，這使我們想到美德，由此可見，美德是好東西，由美德引申出的節制慷慨也必是好東西。

什麼是好東西呢？是不是人們都想得到的東西就是好東西呢？亞里斯多德認為，好東西是可取的、選擇別的東西時所為的東西，是一切生物或是一切有感知或理智的生物或是能獲得理智的生物所追求的東西。凡是理智會分配給每個人的東西和凡是理智在每種情況下分配給每個人的東西，對每個人來說都是好東西。還有，其出現能使人感到舒適和自足的東西。自足，能產生或保全這些東西的東西，或隨這些東西而來的東西，或可能阻止或毀滅那些與這些東西相反的東西的東西。……獲得好處，避免災難，都是好事。犧牲小益而獲得大益，避免大難而遭受小難，也都是好事；……美德必然是好東西，因為具有美德的人感到舒適，還因為美德能招致許多好東西；快感也必然是好東西，因為所有的生物都天然地追求快感。所以，所有使人愉快的東西和美麗的東西也必然是好東西，因為使人愉快的東西能給人以快感。至於美麗的東西，有的是使人愉快的，有的本身是可取的。下面這些東西必然

是好東西：幸福；正直、勇敢、節制、豪爽、大方、健康、美麗；財富；朋友、友誼；榮譽、名聲；說話的能力、行動的能力；天分、記憶力、好學、敏銳；科學、藝術；生命等等。

好東西往往是許多人追求、競爭的東西。人人稱讚的事，是好事，因為沒有人稱讚不好的事。敵人所稱讚的事，是好事，因為如果所有受過這種事傷害的人都承認是好事，人人都會承認是好事，因為事情的好處是顯而易見的，所以他們才承認。正如朋友所譴責、敵人所不譴責的人，是不中用的人。

選中的東西不分性別，聰明或好人都是好東西。例如雅典娜選中奧德修斯，忒修斯選中海倫，女神們選中阿勒克珊德洛斯，荷馬選中阿基里斯。

好事一般說來，是人們有意選擇的。人們所期望的事，是好事。……每個人都認為他特別想要的東西是好東西，例如：好勝的人認為勝利是好東西。

高尚的事是本身的，而又令人稱讚和愉快的事情。如果這就是高尚的事的定義，那麼美德一定是高尚的。因為美德是好東西，而且是值得稱讚的。美德似乎是一種能取得並能保持好東西的功能，一種能在任何情形下給所有人許多重大好處的功能。美德的成分是正直、勇敢、節制、大方、豪爽、慷慨、和藹、見識、智慧，如果美德是這樣一種能給人好處的功能，那麼最大的美德必然是那些對別人最有益的美德。由於這個緣故，正直與勇敢最受人尊重，因為後者在戰爭時期對別人有益，前者在和平時期也對別人有益。其次是慷慨，因為慷慨的人好施捨。不與人爭利，其他的人則最貪錢財。正直是這樣一種美德，它使每個人依法獲得自己應得之份，不正直卻使人違法侵占別人的財產。勇敢是這樣一種美德，它使人在危險關頭遵守法律、維護法律，做出高尚的事業；它的反面是怯懦。節制是這樣一種美德，它使人遵守法律，控制肉體的享樂；它的反面是縱慾。慷慨使人樂善好施；它的反面是吝嗇。豪爽是這樣一種美德，它使人行大善；它的反面是偏狹。大方是這樣一種美德，它使人在花錢方面顯得寬宏大量；它的反面是偏狹和小氣。見識是屬於智力的美德，它使人對於前面提起的好事和壞事作出聰明的判斷，以促進自己的幸福。

四、什麼是高尚

亞里斯多德認為，高尚與美德休戚相關，美德的因與果都是高尚的。他提出，仍能讓人受益的事是高尚的；人們毫不畏懼爭著做的事是高尚的。

美德的因與果都是高尚的，所以勇敢的行動也必然是高尚的。正當的事和正當的行動也必然是高尚的，但是正當的受難則不是高尚的。為榮譽不是為金錢而做的事，是高尚的。不顧自己的利益而效忠於祖國這種絕對好的行動，是高尚的。

死後仍能讓人受益的事是高尚的。為別人而做的事，是高尚的。一切恩惠都是高尚的。所有和我們覺得可恥的、相反的事，都是高尚的，都為我們羞於說可恥的話，做可恥的事。

高尚的事，往往是人們毫不害怕去做的。同敵人和解比向他們報復高尚一些，因為和解是正當的事，正當的事是高尚的。勝利和敬重是高尚的東西。值得記憶的事是高尚的。死後留名，是高尚的事。每個民族所特有的習慣，是高尚的東西。每個民族所尊重的標誌是高尚的東西。

五、快感是讓靈魂恢復到自然狀態

報復、憤怒、想像等都可以使人產生快感，可以說快感是人對某種情感的感覺，當然對某事物的好奇心、朋友等也可以使人覺得愉快，產生快感。快感不是逼迫產生的，而是自然產生於靈魂得到自由的釋放。所以，專心、認真、緊張等並不是快感，除非我們已經養成了這些習慣。

快感的對立面是苦惱，快感可以假定為靈魂的一種迅速恢復其自然狀態的運動。如果快感的性質是這樣的，那麼，很明顯，凡是能造成上述狀態的事物，都是使人愉快的；凡是能破壞上述狀態或造成相反狀態的事物，都是使人苦惱的。所以，亞里斯多德認為，一般說來，恢復自然狀態，必然是使人愉快的，特別是在這個復原步驟使自然狀態得到完全恢復的時候。習慣也是使人愉快的，因為習慣成自然，習慣同自然近似。自然的事是經常做的事，

習慣的事是屢次做的事。不是出於逼迫的事也是使人愉快的，因為逼迫違反自然。

在亞里斯多德看來，除非人們養成專心、認真、緊張的習慣，否則人們都會覺得它們讓人苦惱，而出於不得已和逼迫去進行。一旦養成了這些習慣，就可以使專心、認真、緊張成為愉快的事。與它們相反的狀態，是使人愉快的；所以鬆弛、懶散、粗心、消遣、休息和睡眠，都是使人愉快的，因為沒有一樣是出於不得已的。出於內心的欲念而做的事，每件都是使人愉快的。因為欲念是對於愉快的事的慾望。

一個有所回憶或期望的人會對其回憶或期望的事有所想像，這是由於快感是對某種情感的感覺，想像是一種微弱的感覺。如果是這麼一回事，那麼，很明顯，那些有所回憶或有所期望的人會感到愉快，因為他們都有所感覺。所以，所有使人感到愉快的事，必然是感覺中的現在的事，或回憶中的過去的事，或期望中的未來的事，因為現在的事可以感覺，過去的事可以回憶，未來的事可以期望。所以回憶的事是愉快的事，這種事不僅限於那些當初發生時是愉快的事，而且包括一些當初發生時是不愉快的事，只要這些事的後果被證明是高尚而美好的。

期望若不給人們很大的快感或利益，便會引起人們的苦惱，期望往往都是令人們愉快的。亞里斯多德認為，一般說來，凡是在發生的時候能給人們以快感的事，在他們期望或回憶的時候多半能使他們感到愉快。所以即使發怒也是令人愉快的，荷馬這樣描寫憤怒：比往下滴的蜂蜜甜得多；因為沒有人會對顯然不可能遭受報復的人或比自己強大得多的人發怒，對後一種人，我們不發怒，即使發怒，程度也比較輕。

大多數欲念都由某種快感伴隨而來，因為對過去快樂的回憶或對未來快樂的期望，都能使人感到某種愉快。例如：發燒口渴的人由於回憶他喝過水，期望再喝水而感到愉快；情人由於談論他們的愛人，描寫他們的愛人，或者做一些和他們的愛人有關係的事而感到愉快；這一切使他們在回憶中似乎看見了愛人。這樣的情況往往是發生愛情的最初徵兆：情人不僅在愛人出現的時候感到愉快，而且在愛人不在的時候，也由於回憶而發生愛情。由於這個

緣故，儘管愛人不在了是件苦惱的事，人們在哀悼中也感到一點愉快；苦惱是由於愛人不在了而引起的，愉快是由於回憶——有如看見他本人、他的所作所為和他的人品一樣——而引起的。

報復成功往往帶來愉快，失敗往往令人苦惱。發怒的人在報復失敗的時候感到特別苦惱，但是如果還有報復的希望，他們又會感到愉快。勝利也是愉快的事，不僅好勝的人是如此，對所有的人也是如此。因為勝利會引起一種優越感。大多數人都對這種感覺抱有欲念。既然勝利是愉快的事，那麼戰鬥的遊戲和辯論的遊戲也必然是愉快的事，因為在這些遊戲裡往往有人獲勝，其中包括玩羊蹄骨、打球、擲骰子、下跳棋。激烈的遊戲也是這樣的，其中一些玩慣了的人是愉快的，另一些頭一次玩的人也是愉快的，例如：帶狗打獵和各種狩獵，因為有競爭，就有勝利。由於這個緣故，法庭上的爭辯和辯論會上的競賽，在那些熟練和有本事的人看來，也是愉快的事。尊敬和名聲最使人愉快，因為它們使人把自己想像成為完善的人，尤其是在那些被他認為是坦率直言的人這樣稱譽他的時候。

由於愛朋友是愉快的，所以朋友也會讓人愉快。被人愛也是愉快的事，因為在這種情形下，一個人會想像自己具有優良的品質，這種品質誰認識到，誰都想具有；被人愛意味著由於自己有可愛的地方而被人珍視。被人稱讚也是愉快的，因為這意味著受人尊敬。被阿諛和阿諛別人也是使人愉快的，因為阿諛者貌似稱讚者和朋友。屢次做同樣的事也是使人愉快的，因為習慣了的事是使人愉快的。變化也是使人愉快的，因為變化意味著恢復自然狀態。

一般說來，求知和好奇也會使人愉快。好奇意味著求知的欲念，因此好奇的對象就成了欲念的對象；求知意味著使人恢復自然狀態。

施予受惠和受到恩惠一樣都會讓人愉快。「受惠」，指獲得我們所想要的東西；「施惠」意味著我們有東西，而且有富餘，這兩種情況都是人們所追求的。既然施惠是愉快的事，那麼幫助鄰居，彌補他們的匱乏也是愉快的事。既然求知和好奇是愉快的事，那麼像模仿品這類東西，如繪畫、雕像、詩，以及一切模仿得很好的作品，也必然是使人愉快的，即使所模仿的對象並不使人愉快，因為並不是對象本身給人以快感，而是欣賞者經過推論。

最後，亞里斯多德指出，使人愉快的還包括自然的事物。同種的生物彼此看來都是很自然的現象，因此，所有同種的相似生物多半是使彼此愉快的，例如人使人愉快，馬使馬愉快，年輕人使年輕人愉快。

人們往往會喜歡自己，這是由於相似性使人愉悅，而自己與自己相似。既然每個人都喜歡自己，那麼自己的一切，例如言行，一定會使自己感到愉快。由於這個緣故，人們多半都喜歡阿諛者，喜歡愛人，喜歡受人尊敬，喜歡兒女。彌補別人的匱乏，是愉快的事，因為這件事成了自己的事業。既然統治人是最愉快的事，那麼被認為是聰明人也是愉快的事；有見識的人宜於統治人，有智慧的人懂得許多令人驚奇的知識。既然人們多半喜歡受人尊敬，那麼譴責鄰居也必然是愉快的事。

對快感的反義詞——憤怒，亞里斯多德也作了相關論述。憤怒是一種慾望，它針對於他人所施加的輕慢行為，隨之產生起的報復與苦惱也是其特點之一。如果這就是憤怒的定義，那麼一個發怒的人必然是對某一個人發怒，而不是對一般人發怒，因為那人曾經輕慢或將要輕慢他本人或他的親友。憤怒中也有快感相伴隨，這是由於有希望報復，因為認為自己能達到自己追求的目的，是愉快的事；沒有人追求顯然是不可能達到的目的；發怒的人追求自己可能達到的目的。

憤怒由於人們心裡的報復念頭而引起快感產生，就像夢中的幻象引起快感一樣。

▋六、發怒與喜愛

生活中，我們總會遇到發怒與喜愛的事，別人的輕慢會讓我們發怒，別人善意的幫助會讓我們喜愛。陌生人與朋友所做的事會引起我們不同程度的發怒與喜愛，往往，我們對朋友的情緒會強烈很多。一個陌生人做了對不起我們的事，我們除在情感上引起憤怒外，其他的會少許多。而朋友這樣做，我們除了強烈的憤怒外，還有傷心、委屈等其他情緒的產生。反之，喜愛亦如此。

輕慢往往是對無關緊要事物的具體表現。所有壞的事物和好的事物以及可以成為這類事物的事物，亞里斯多德認為都是值得重視的。至於無足輕重或微不足道的事物，則是不值得重視的。輕慢分三種，即輕視、傲慢和侮慢：輕視者抱輕慢的態度，因為人們對於他們認為無足輕重的事物加以輕視，對於無足輕重的事物加以輕慢；傲慢者抱輕視的態度，因為傲慢意味著阻撓別人滿足慾望，不是為自己可以從中獲益，而是為了不讓別人從中獲益。既然他不是為自己的利益而這樣做，所以他的態度是輕慢的，因為，很明顯，他並不認為別人能傷害他，否則他就會畏懼別人，而不會輕慢別人；他也不認為別人能給他任何值得一提的好處，否則他就會重視那人，同他交朋友。侮慢者抱輕慢的態度，因為侮慢意味著使別人受到傷害或感到苦惱，受害者因此感到恥辱，而侮慢者除了使自己痛快一時而這樣做以外，並不想從中獲益。侮慢者之所以感到痛快，是由於傷害別人可以顯示自己比別人優越。因此年輕人和富翁總是侮慢別人。掃別人的面子。

　　苦惱的人有所追求，所以容易發怒。如果有人妨礙他（例如在他口渴的時候不讓他喝水），如果有人和他作對，或者拒絕幫助他，或者在他處於心情不好時用別的方式打擾他，他就會對這些人發怒。凡是有所追求而達不到目的的人都易於發怒，特別是對於不重視他們目前困境的人。例如病人由於他的疾病不被重視，窮人由於他的窮困不被重視，戰士由於他的戰鬥不被重視，情人由於他的愛情不被重視，他們都會發怒。事與願違，就會使人發怒。

　　發怒往往因其嘲弄的人而產生，因為嘲弄是一種侮慢。嘲弄的人是傷害人的人，只要這種傷害是侮慢的表現，而不是出於報復；是誹謗和輕視他們認為是重大事物的人，例如有人當著以哲學自負的人誹謗和輕視哲學，如果人們感覺到自己並不具備某些受到嘲笑的品質，或者別人認為他們並不具備這些品質，人們就更為氣憤。如果他們非常相信他們具有這些品質，他們就不理會這種嘲弄。人們對朋友比對不是朋友的人更為氣憤，因為他們認為應該受到朋友的厚待而不是薄待。人們對不再像過去那樣慣於尊重他們的人發怒，因為他們認為那些人輕視他們了。人們對不報恩或不以同等份額報恩的人發怒；人們對不如他們而同他們作對的人發怒，因為這兩種人似乎都輕視他們。

　　亞里斯多德認為，人們對朋友發怒原因有：（1）朋友待他們不好，說他們不好；（2）朋友做對不起他們的事；（3）朋友看不出他們所需。

　　「幸災樂禍」的人會讓人發怒，因為他們表現了仇恨和輕慢。人們對滿不在乎地使他們感到苦惱的人發怒；由於這個緣故，人們對報告壞消息的人發怒。人們當著他們的競爭者、他們所稱讚的人、稱讚他們的人、他們所敬畏的人和敬畏他們的人的面，對輕慢他們的人發怒。人們對那種在他們認真討論時裝傻的人發怒，因為「裝傻」是輕視的表現。忘記使人發怒，例如把別人的名字忘記了，因為忘記也似乎是「輕慢」的表現。忘記是由於漠不關心，而「漠不關心」則是一種輕慢。

　　朋友是容喜愛與被喜愛相兼的人。凡是認為彼此間有這種關係的人都認為彼此是朋友。這一點確定之後，亞里斯多德便得出這個結論：凡是為我們好──不是為別的緣故──而跟我們在順境中共歡樂，在苦難中共憂愁的人，都是我們的朋友。既然人人在他們實現願望時感到喜悅，而在相反的情形下感到苦惱，那麼這種喜悅和苦惱便是他們對我們有好意的表現。凡是把同一些事看作好事或壞事，把同一些人當作朋友或仇敵的人，都是我們的朋友，因為他們必然想要同樣的事物。所以凡是希望我們獲得他們想獲得的東西的人，似乎都是我們的朋友。

　　因我們的緣故，對我們做過重大的、真誠的、及時的事，都會讓我們喜愛。凡是我們認為願意對我們做好事的人，都為我們所喜愛。我們朋友的朋友、喜愛我們所喜愛的人的人，我們所喜愛的人所喜愛的人，都為我們所喜愛。和我們有共同仇敵的人、憎恨我們所憎恨的人的人、為我們所憎恨的人所憎恨的人，都為我們所喜愛。因為這一類人全都和我們一樣，對於什麼是好事抱有同樣的看法，所以他們希望我們獲得對我們有好處的東西。這正是朋友的特徵。還有，凡是願意用金錢幫助我們或者保證我們的安全的人，也都為我們所喜愛，因此我們尊敬慷慨、勇敢、正直的人。我們認為不依靠別人而生活的人，就是這樣的人；自食其力的人，特別是農民和其他為自己而勞動的人，也是這樣的人。有節制的人為我們所喜愛，因為他們不做不義的事。不多事的人也為我們所喜愛，理由同上。我們喜愛我們願意結交的人，

只要他們願意和我們結交；品德優良的人以及為一般人或最好的人或我們所稱讚的人或稱讚我們的人所稱譽的人，就是這樣的人。我們還喜愛樂於與我們共生活、共休閒的人；脾氣好的人、不愛譴責我們的過錯的人、不愛競爭、不愛吵架的人，就是這樣的人。

善於嘲弄和善於忍受潮弄的人往往與他人對同樣的事情感興趣，忍受嘲弄，風雅嘲弄對方，也由此，他們為常人所喜愛。凡是稱讚我們具有優良品質、特別是稱讚我們擔心並不為我們所具有的品質的人，都為我們所喜愛。凡是面貌、衣著和整個生活都清潔的人，為我們所喜愛。我們喜愛不譴責我們犯錯誤或接受他們恩惠的人；這兩種譴責者都愛挑剔。凡是不念舊惡、不記舊仇而易於和解的人，都為我們所喜愛，因為我們認為他們對待我們的態度會像我們所想像的他們對待別人的態度一樣。我們喜愛不誹謗人、不想知道鄰居或我們的缺點而想知道鄰居和我們優點的人，因為這是好人的行為。我們喜愛不在我們發怒或忙碌的時候擾亂我們的人，因為擾亂的人是好鬥的人。我們喜愛熱誠地對待我們的人，例如稱讚我們的人、認為我們是好人的人、樂於和我們在一起的人，特別是認為我們最具被別人稱讚的、或被別人認為是美好的、或使人愉快的品質的人。

如果我們和他人一樣喜愛一樣東西，並追求它，但是沒能分得一份，就會引起我們的怨恨。我們喜愛這樣一種跟我們很親密的人，在這種人面前，我們不至於由於做了為世俗所譴責的事而感到羞恥，只要這種不以為恥的感覺不是出於輕視。我們也喜愛這樣一種跟我們很親密的人，在這種人面前，我們由於做了真正壞的事而感到羞恥。我們喜愛我們樂意與之競爭的或跟我們競爭而不忌妒我們的人，我們喜歡或願意同這樣的人交朋友。我們喜愛由於我們的幫助而獲得好處的人，只要我們在幫助的時候不受到較大損失。我們喜愛不管朋友在不在身邊都照樣喜愛他們的人。

人們喜愛不拋棄他人的朋友，因為這才是最有德行的朋友。我們喜愛那些不在我們面前掩飾自己的人，把自己的缺點告訴我們的人就是這樣的人。（亞里斯多德在上面說過，在朋友面前，我們不至於由於做了為世俗所譴責的事而感到羞恥，要是感到羞恥的話，那就是不把他們當朋友看待；所以不

以為恥，才似乎是把他們當朋友看待。）我們喜愛不可怕的人，喜愛我們不畏懼的人。

友誼有陪伴、親暱、聯姻等一條列關係。產生友誼的原因是：施惠於人，不求而施，施而不外傳，這樣才顯得是為朋友好，而不是為了別的緣故。

亞里斯多德認為，我們應從反面觀察敵意和憎恨。敵意是由憤怒、辱罵或誹謗引起的。憤怒是由冒犯我們的行動引起的，敵意甚至可以由不冒犯我們的行動而引起，因為如果我們認為某人具有某種性格我們就憎恨他。憤怒總是針對某個人的，例如：針對卡里阿斯或蘇格拉底；憎恨則是針對某些類型的人的，例如：人人都憎恨小偷和告密者。憤怒可以用時間來醫治，憎恨則是不能醫治的。憤怒的目的在於給人以苦惱，憎恨的目的則在於給人以禍害，發怒的人想使對方感覺到他在發怒，憎恨的人則不管對方是不是感覺到。所有引起苦惱的事物都是可以感覺到的，而引起最大禍害的事物，例如不義和愚蠢，則是最難感覺到的，因為惡的出現並不使人感到苦惱。憤怒中有苦惱相伴隨，憎恨中則沒有苦惱相伴隨，因為發怒的人感到苦惱，憎恨的人卻不感到苦惱，發怒的人往往發生憐憫之情，憎恨的人則從來不發生憐憫之情，因為發怒的人想使對方也感到苦惱，憎恨的人則想使對方遭到毀滅。

▌七、什麼是恐懼

恐懼並不意味一個人膽小、怕事，那些膽大的人沒有恐懼往往是因為對事態意識不足，或是可怕的事離自己十分遙遠。恐懼是對迫在眉睫的事物做出的可怕想像，人在這種想像下產生了對未來之事的畏懼情緒。除了無知外，憤怒也可以使人膽大起來。

什麼是恐懼？亞里斯多德認為，恐懼是由想像造成的，這種想像往往是導致毀滅、痛苦、迫在眉睫的禍害，它們能引起人們痛苦不安的情緒。人們並不畏懼一切禍害，例如自己將成為不義的或蠢笨的人，而僅僅畏懼足以導致很大痛苦或毀滅的禍害，只要這種禍害不是隔得很遠，而是近在眼前，迫在眉睫，因為人們並不畏懼非常遙遠的禍害；人人都知道自己是要死的，但是死亡並不是很近的事，所以他們並不介意。如果這就是恐懼的話，那麼凡

是似乎具有能毀滅人們或危害人們，以致引起巨大痛苦的強大力量的事物，必然是可怕的。

不義的人總有意行不義之事，所以其有了力量就會變得可怕起來。被冒犯的勇敢的人有了力量，是可怕的，因為很明顯，他一旦被冒犯，就有意報復，況且他現在又有了力量。能害我們的人的恐懼是可怕的，因為這樣的人必然是準備行動。能害人的人對於可能被他們害的人是可怕的，因為一般說來，人們能害人就會害人的。受了害的人或者認為自己是受了害的人，是可怕的。因為他們總是在找機會報復。在自己有力量的時候害過人，是可怕的，因為他們害怕報復；方才說過，這種情形是可怕的。跟我們爭奪同一件不可能為雙方同時獲得的東西的人，是可怕的，我們總是同這樣的人競爭。比我們強大的人也畏懼的凶殘的人，是可怕的，因為他們既然能害比我們強大的人，就更能害我們了。毀滅過比我們強大的人的人，也是可怕的。正在攻擊比我們弱小的人的人，也是可怕的，因為他們不是已經成為可怕的人，就是在力量變強大的時候成為可怕的人。一切正在或即將發生在別人身上而引起憐憫的事，都是可怕的。所有這些，可以說幾乎是所有可怕的、為人們所畏懼的最重大事情。

人們畏懼的心情是什麼樣的？如果恐懼與人們對即將遭受毀滅性禍害的預感相伴隨的話，那麼，很明顯，沒有一個認為自己不會受害的人，會畏懼在他看來不會對他發生的禍害，或在他看來不會加害於他的人，或在他看來不會使他受害的時間。亞里斯多德得出這樣的觀點，所以，凡是認為自己會受害的人，必然會畏懼害他的人、害他的事和害他的時間。那些處境非常順利的人，不認為自己會受害，他們的態度也就是驕橫、輕慢、魯莽——他們之所以變成這樣，是由於家資富有，體格強壯，朋友很多，力量強大；那些認為自己已經受盡了一切可怕的苦難，像釘在木板上快要死去的人那樣對未來漠不關心的人，也不認為自己還會受害；必須使他們有得救的希望，這種希望使他們感到焦慮。因為恐懼使人思考；事情已經絕望了沒有人會加以思考。所以，在宜於使聽眾感到恐懼的時候，必須使他們認為他們也會受害，必須告訴他們，比他們強大的人都受過害，與他們相似的人都在受害或受過害，禍害是出自意想不到的人，方式和時間都是意想不到的。

由於使人壯膽的事隔得很近，可怕的事隔得很遠，所以人們會有膽量。我們有膽量，只要事情是可以挽回的，是有救的，辦法多或者得力，或者又多又得力；只要我們沒有被人害過，也沒有害過人；只要我們根本沒有對手；或者對手沒有力量，或者對手雖然有力量，卻是我們的朋友，或者對手曾經為我們做過好事或者我們曾經為對手做過好事；只要和我們有共同利益的人占多數或者比較強大，或者又占多數又比較強大。在下面這些心情下，我們有膽量，只要我們認為我們是經常順利而沒有受過害；只要我們是經常遭受危險而又能逃脫，因為人們臨危不懼有兩種原因，不是從來沒有經歷過危險，就是能有救。所以在海上遇險的時候，那些沒有經歷過風暴的人和那些由於有經驗而有得救辦法的人對於未來的事無所畏懼。我們有膽量，只要與我們相似的人、或不如我們的人、或我們認為是被我們的力量所超越的人都無所畏懼；被我們征服的人，不論是一般被征服的人，或是比他們強大的人，或是與他們相似的人，就是我們認為被我們的力量所超越的人。我們有膽量，只要我們認為我們具有更多更重要的，使具有者成為可畏懼人物的條件：大量的錢財、強壯的身體、朋友、土地、武器，或者樣樣具備，或者具備其中最重要的。我們有膽量，只要我們沒有害過任何人，或者沒有害過很多人，或者沒有害過可怕的人。我們有膽量，一般說來，只要我們同神的關係很好，在其他方面，例如在預兆和神示方面，都很順利，因為憤怒使人壯膽，憤怒是由於我們想起我們是受害者不是害人者而激起的，神力又被認為是佑助受害者的。我們有膽量，只要我們在著手做一件事情的時候，相信我們當前或今後不會遇難，或者相信我們只會成功。

▋八、什麼是羞恥

羞恥是一種由於做了或正做或將要做似乎有損自己名譽的壞事而引起的苦惱或不安的情緒。一個人不能忍受他人忍受的辛苦，甚至是年紀較長，生活奢侈的，權力較大的人都可以忍受的辛苦，則這個人是可恥的。羞恥中有想像的成分，在我們崇拜的人面前感到羞恥就是想像造成的。

從以下亞里斯多德的論述可以分析出，人們感到羞恥或不羞恥時的心情如何，對象是什麼人，對什麼事情。

　　羞恥的定義可以是這樣：一種由於做了或正在做或將要做似乎有損自己名譽的壞事而引起的苦惱或不安的情緒。不覺羞恥的定義可以是這樣：一種由於做了或正在做或將要做這些同樣壞事而引起的輕慢和不在乎的情緒。根據羞恥的定義，那麼所有似乎有辱我們自己或我們所關心的人的壞事必然使我們感到羞恥。這種壞事出自惡德，例如拋棄盾牌或臨陣逃跑。又例如侵吞託管的財產。還有，占渺小的、或不名譽的、或沒有力量的人的便宜，例如窮人或死者，因此有「掏死者的腰包」這句諺語，這是由於貪婪。能在金錢上幫助人而不幫助，或者給予比力所能及的小一些的數目；接受不如自己富有的人的幫助；別人似乎要借，反而向他借；別人要債，反而向他借；別人要借，反而向他要債；為了顯出要借的樣子而稱讚別人；借不到還是硬要借等等，這一切都是可恥的，因為都是卑鄙的表現。當面稱讚別人；過分稱讚別人的優點，掩飾別人的缺點；面對別人的悲哀表示過分的悲哀，以及諸如此類的行動，這一切都是可恥的，因為都是阿諛的表現。

　　如果一個人不能忍受別人都可以忍受的辛苦，甚至是年紀較長的，生活奢侈的，權力較大的人都可以忍受的，那麼這個人是柔弱的。接受別人的恩惠，且時常接受，卻詆毀他對自己所做的好事，是可恥的，因為是卑鄙的表現。自吹自擂，把別人的功勞據為己有，是可恥的，因為是自誇的表現。此外，沒有能分得人人或全體或大多數與自己相似的人都分得的好東西，也是可恥的。與自己相似的人，指屬於同一種族、同一城邦、同一年齡、同一家族的人，以及一般說來，是同等的人；所以沒能分得，例如：同樣多的教育或別的東西，是可恥的。曾經遭遇或正在遭遇或將要遭遇有失體面和辱罵的事，是可恥的。

　　羞恥是由其本身引起的，而非後果引起的對於不名譽事情的想像。人們在其所尊重的人面前感到羞恥，是由於他們注重所尊重的人對他們有看法。人們尊重稱讚他們的人、他們所稱讚的人、同他們競賽的人和提出為他們所重視的對他們的看法的人。人們稱讚持有有價值的好東西的人，或者持有他們能給的為自己所需要的東西的人，而且願意被他們稱讚，例如：在戀愛的

人。當著大眾在光天化日之下做出壞事，更使人感到羞恥，因此有「羞恥以眼為家」這句諺語。因此，在時常和自己在一起的人或注意自己的人面前，人們更感到羞恥，因為在這兩種情形下，他們是處在別人的眼皮底下。

亞里斯多德認為，一個人對別人感到憤慨，往往是因為他們犯了自己沒有犯過的錯誤，而不是因為他們犯了與自己相同的錯誤，由此我們對不寬恕似乎犯了錯誤的人面前感到羞恥。在愛向大眾傳播我們錯誤的人面前，我們感到羞恥，因為不傳播等於不認為我們犯了錯誤。

我們在喜劇詩人面前感到羞恥，因為他們在一定程度上傳播謠言和誹謗他人。在從來沒有拒絕過我們要求的人面前，我們感到羞恥，因為我們覺得他們是稱讚我們的人；由於這個緣故，我們在拒絕第一次有求於我們的人的要求時感到羞恥，因為在他們看來，我們的名譽還沒有變壞。

▌九、什麼是慈善

慈善與憐憫是相關的。一個具有慈善情緒的人，往往會憐憫他人。兩者都不對受害者報以回報的期望，否則這便不是慈善與憐憫了。憐憫是一種痛苦的情緒，是由被害者的痛苦想像轉移到自己身上之後的情緒。所以說憐憫不是對自己所熟知的人的情緒，因為那種情緒是自己的，而不是針對別人的。

亞里斯多德是怎麼認識慈善的呢？亞里斯多德認為，慈善是對有需要的人進行幫助，它不為受到報答，不為自己好，而為受助者好。慈善往往是以上所說的一種情緒。如果幫助是給予有需要的人的，那麼這種幫助就是重大的、難能的，或者如果在對方有急需的時候，幫助者是唯一幫助的人，或是第一個幫助的人，或是大力幫助的人，那麼幫助者的慈善心和恩惠就是很大的。「需要」指慾望，特別指對得不到就使人感到苦惱的事物所懷抱的慾望、欲念，例如：性慾就是這種慾望；還有由於肉體上的痛苦和危險而引起的欲念。因為人們在危險或痛苦的時候，會對某些事物發生欲念。因此，所有幫助窮人或流亡者的人，即使他們的幫助不大，都很令人感恩，因為需要很迫切，時機很緊急。

受助者和幫助者，都在曾經或現在仍處於一種狀態。受助者是處於需要和痛苦之中；幫助者是處於給其以這樣的幫助之中。至於用什麼方法才能使人打消感恩之情，或指出幫助者不是出於慈善之心，也是很清楚的了，因為可以說他們是為自己好而幫助過人或正在幫助人的（在這種情形下沒有慈善可言），或者說幫助是出於偶然，或者是迫於不得已（在這種情形下，沒有慈善可言），或者說他們是在報答而不是在施恩。

亞里斯多德認為，憐憫是一種痛苦的情結，它是自己看到一種毀滅性的事情落在不應發生的人身上而引起的，或是由此想到其落在自己或親友身上。很明顯，一個可能產生憐憫之情的人，必然認為自己或親友會遭受某種禍害，如定義中提起的這種禍害或與此相似的或幾乎相同的損害。所以，那些完全絕望的人不能發生憐憫之情，因為他們認為自己已經受盡人世間的禍害，不會再有禍害臨頭了；那些認為自己非常幸福的人，也不能發生憐憫之情，他們很傲慢，認為自己享受著一切幸福，顯然不可能有禍害臨頭，這倒是一種幸福。那些認為禍害可能臨頭的人，是經歷過禍害而又倖免於難的人；是上了年紀的人，他們有見識和經驗；是軟弱無力的人和比較怯懦的人；是有教養的人，他們瞻前顧後；是有父母、子女、妻室的人，這些人是他們自身的一部分，是可能遭受上述禍害的；是缺乏英雄氣概的人，例如缺乏勇氣或膽量的人；是性情不傲慢的人；只有介於兩者之間的人才能發生憐憫之情，發生憐憫之情的人是不十分畏懼的人，魂飛魄散的人一心只想到自己的不幸，不能發生憐憫之情。人們認為世上還有好人，所以能發生憐憫之情，如果認為沒有好人，就會認為人人都該受難了。一般說來，人們想起了這樣的禍害自己或親友都曾遭受過，預料還可能遭受，在這樣的心情下他們才能發生憐憫之情。

一切使人感到苦惱和痛苦而又具毀滅性的事情、一切致命的事情、一切出於偶然的重大的不幸，都能引起憐憫之情。使人感到痛苦而又具有毀滅性的事情，是各種形式的死亡、肉體上的折磨和傷害、衰老、疾病和饑餓。出於偶然的不幸，是沒有朋友或朋友稀少，相貌醜陋，身體虛弱，手腳殘廢；應當出現好運的地方卻出現厄運，而且經常如此；還有，人已經受害，才交

好運。例如狄俄墨德斯死了以後，國王的饋贈才送來。從來沒有交過好運。或者交了好運而不能享受，也能引起憐憫之情。

亞里斯多德認為，憐憫發生在與自己關係不太密切的人身上，並且為我們所熟知。如果關係很密切，那麼我們會覺得這是自己的禍害了。由於這個緣故，據說阿馬西斯看見他的兒子被帶去處死，他沒有哭，可是看見他的朋友行乞，他卻哭，因為後一種情形引起憐憫，前一種情形引起恐懼；恐懼和憐憫不同，它會把憐憫趕走，往往使人發生相反的情緒。再者，在恐怖的事情逼近時，人們也發生憐憫之情。人們也憐憫在年齡、性格、道德品質、地位、門第方面與他們相似的人，因為這一切使人們更感覺到他們的不幸也會落到自己身上；一般說來，亞里斯多德在此作出這樣的結論：一切我們害怕會落到自己身上的禍害，如果落到別人身上，就都能引起憐憫之情。既然苦難在逼近的時候能引起憐憫之情，那麼借姿勢、腔調、衣服以及朗讀方式來加強效果的人，一般說來，必然更能引起憐憫之情，因為他們使禍害靠近我們身邊，呈現在我們眼前，彷彿剛才發生或似即將發生的。同樣，剛才發生或馬上就要發生的禍害，更能引起憐憫之情。受害者的痕跡和行動，例如受害者的衣服以及諸如此類的遺物、受害者——例如將死的人——的言語和其他一切，也更能引起憐憫之情。如果處在這種危機中的人是好人，就特別能引起憐憫之情；這些事物靠近我們身邊，所以更能引起憐憫之情，這是由於受害者不應當遭受苦難，而苦難又呈現在我們的眼前。

▌十、什麼是憤慨

極少有人因為別人正直、勇敢、善良而憤慨，引起憤慨的往往是財富、權力、利益等東西。因此，暴發力會讓我們感到苦惱，清正廉潔的人則不會。與憤慨伴隨的情緒是妒忌，越與我們相似的人得到好運，越使我們妒忌。

憤慨是一種什麼情緒？人們在憤慨時會有什麼表現？亞里斯多德對此進行了相關論述。

憤慨是因為看到別人得到不應得到的好運而苦惱，與憐憫的情感截然相反。這種苦惱與看到別得到的厄運而感到的苦惱相反，並且由我們具有相同

的性格引起。這兩種情感都表現善良的性格，因為我們應當對於得到不應當得到厄運的人表示安慰和憐憫，對於得到不應當得到好運的人表示憤慨，這是由於不應當得到而得到，是一件不公平的事，所以我們也認為天生具有憤慨的情感。

忌妒似乎也同樣和憐憫相反，看來忌妒和憤慨近似，甚至相同，其實是另一種情感，因為忌妒也是一種亂人心緒的苦惱，是由於別人得到好運而引起的，不過不是由於不應當得到好運的人得到了好運而引起的，而是由於與我們相等或相似的人得到了好運而引起的。所有感到忌妒和憤慨的人都有一個共同點，就是都不是由於本人會遭到不幸，而是由於鄰居得到了好運而感到苦惱的。這是因為，如果苦惱和心情不安來自別人得到好運是自己可能受害的根源這種想法，那麼憤慨和忌妒就會轉化為恐懼。憐憫和憤慨顯然都伴有相反的情感，因為如果一個人看見別人得到不應當得到的厄運而感到苦惱，那麼看見別人得到應當得到的厄運，他就會感到喜悅，至少不會感到苦惱。

例如：沒有一個好人看見殺父的凶手或殺人犯受到懲罰而感到苦惱。看見這種人受到懲罰，我們一定感到喜悅，就像看見應當得好運的人得到好運，我們一定感到喜悅一樣，這兩種情況都是合乎正義的，都能使善良的人感到喜悅，因為與他相似的人得到的好運，他一定也希望落到自己身上。所有這些情感都來自同樣的性格，所有相反的情感都來自相反的性格，因為幸災樂禍的人也就是忌妒的人；如果一個忌妒的人看見別人得到好運或保持好運而感到苦惱的話，那麼看見別人喪失好運或糟蹋好運，他一定會感到喜悅。所以，所有這些情感雖然由於上述理由而彼此不同，卻都能阻撓憐憫的發生，因此都可以用來防止憐憫。

亞里斯多德認為，憤慨並不是因為我們看見別人正直或勇敢，或具有美德，而往往因為我們看到財富、權力以及好人應得到的東西為不應得到的人所得而引起苦惱。暴發戶比一向富有的人更使我們感到苦惱。暴發戶用金錢買到官職比一向富有的人這樣做，更使我們感到苦惱。這是因為後者所有的東西似乎是他們自己的，前者所有的東西則似乎不是他們自己的。再說，並不是每樣好東西都應當為每個人所有，例如精良的武器不宜為正直的人所有，

而宜為勇敢的人所有。所以一個人——儘管是好人——得到了他不宜得到的東西，我們就感到憤慨。

這在他們眼中是一件不公平的事。一般說來，如果人們認為自己應當得到別人不應當得到的東西，人們就會對他們表示憤慨，由於這個緣故，被奴役的人、卑賤的人和沒有雄心壯志的人，是不會感到憤慨的，因為他們認為沒有一樣東西是他們應當得到的。

忌妒是與憤慨近似的一種心理特徵。亞里斯多德認為，忌妒是由於與我們相似的人交上好運而導致的苦惱。要是有人與我們相似，或似乎有人與我們相似，我們就感到忌妒。與我們相似的人，指在門第、親屬關係、年齡、道德品質、名聲、財產方面與我們相似的人。這些好東西缺少一樣，我們就感到忌妒，由於這個緣故，做大事業而獲得成功的人感到忌妒，因為他們認為每個人都在奪取他們自己的東西。野心勃勃的人比沒有雄心壯志的人更感到忌妒。胸襟褊狹的人也感到忌妒，因為每一樣東西在他們看來，都是重要的。

在人們想要得到或認為他們應當得到那些激起榮譽心的事業以及各種好運的時候，都會使人感到忌妒。人們對什麼樣的人感到忌妒也是很清楚的了，他們忌妒在時間、地點、年齡和名聲方面與他們相近的人，所以詩人說：親屬也會忌妒。人們對競爭的對手感到忌妒，沒有人對生活在一萬年以前的人，或將要出生的人，或已經死去的人感到忌妒。人們和同行的人競爭，因此特別忌妒他們。所以詩人說：陶工怨恨陶工。

人們往往會因別人簡單地得到自己不容易得到或得不到的東西而感到忌妒。與自己相近或相似的人有所獲得，常使自己感到羞恥，自己沒有獲得是自己的過錯，這個想法使人感到苦惱，從而發生忌妒的情感。什麼樣的事物、什麼樣的人使忌妒的人感到喜悅，以及他們在什麼樣的心情下感到喜悅，也是很清楚的了，因為既然沒有得到某種東西使他們感到苦惱，那麼在相反的情形下，得到了某種東西就會使他們感到喜悅。

▌十一、羨慕的對象

羨慕與妒忌有某種類似點，兩者都是因為沒有得到自己想要的東西。但妒忌顯得惡劣，羨慕則讓人覺得善良。原因在於前者總喜歡阻撓別人，後者則盡力自己去爭取，而不損害別人的利益。

從以下亞里斯多德的分析可以清楚看出：在什麼樣的心情下人們感到羨慕；因為什麼事或什麼人。

羨慕是一種由於看見生來與我們相似的人得到了我們可能得到的有價值的好東西的明顯現象而引起的苦惱情緒。人們之所以感到苦惱，並不是因為別人得到了這種好東西，而是因為自己沒有得到。因為羨慕是善良的人的善良情感，而忌妒則是邪惡的人的邪惡情感，因為前者是由於羨慕而去爭取這種好東西，後者則是由於忌妒而阻撓別人得到這種好東西。那些認為自己應當得到還沒有到手的東西的人，一定羨慕別人；沒有人想得到不可能到手的東西。所以年輕人和心高志大的人羨慕別人。如果有價值的好東西是羨慕的對象，那美德以及有用和有益於人的東西必然是羨慕的對象，因為有益於人的人和善良的人是受人尊敬的。一切能供人享受的好東西——例如財富、美貌（不包括健康）——也是羨慕的對象。

具有勇敢、智慧、職權的人會很明顯的成為羨慕的對象。因為有職權的人，例如將軍和演說家，能做出有益於公眾的事業。他們是公眾所稱讚的人，是詩人、作家和演說家所稱讚的人。與他們相反的人，是輕視的對象，因為輕視是羨慕的反面。

▌十二、年輕人的性格

年輕是每個人都希望駐留的狀態，年輕的人健康、激情，滿懷希望。他們心高志大，喜歡做崇高的事，而不是因為金錢。他們易衝動、急躁，所以總會因之失敗，或是得到意想不到的成功。

年輕人的性格是怎樣的呢？亞里斯多德對此進行了詳細的論述。

　　有強烈的欲念，想滿足自己的欲念是年輕人的性格。他們在肉體的欲念方面特別沉湎，並且漫無節制。但是他們的欲念變化無常，見異思遷，儘管非常強烈，但很快就衰退了。因為他們的渴望就像病人的食慾一樣，來勢凶猛而無後勁；他們很熱情卻急躁容易衝動，不能控制自己的情感。他們由於愛榮譽，不能忍受輕慢，一旦認為受了害，他們就會發怒。他們愛榮譽，更愛勝利，因為年輕人好占優勢，而勝利正是一種優勢。他們愛榮譽和勝利，勝於愛金錢。他們最不愛金錢，因為他們還沒有經歷過窮困。他們對事物不是加以惡意的解釋，而是加以善意的解釋，因為他們還沒有見過多少罪惡。他們相信別人的話，因為他們還沒有上過多少當。他們滿懷希望，同為年輕人天生很熱情，就像喝醉了的人一樣，還因為他們還沒有遭受多少挫折。他們多半靠希望過日子，希望瞻矚將來，記憶留戀過去，對年輕人說來，來日方長，去日尚短，在生命的清晨還沒有什麼可以忘記，而希望則是無窮盡的。

　　由於上述原因：他們容易上當，因為他們總是懷抱著希望。他們比較勇敢，因為他們渾身勇氣，滿懷希望，前者使他們無所畏懼，後者使他們有膽量，因為發怒的人無所畏懼，希望有好結果的人有膽量。年輕人害羞，因為他們只是接受了習俗的教養，還沒有接受別的更高的法則。他們心高志大，因為他們還沒有遭受生活上的屈辱，還沒有經受逼迫。認為自己做得了大事業，是心高志大的表現，這是滿懷希望的人的心情。

　　由於生活受性格支配，理智的人會追求有益的事，高尚的人會追求高尚的事。而理智的人不願做高尚的事，高尚的人也不願做有益的事。他們比其他年齡的人更喜歡朋友和伴侶，因為他們喜歡交遊，他們不憑利益的標準來衡量事物，也就是不憑這個標準來衡量他們的朋友。他們的一切錯誤都是由於太過火，因為他們做什麼事情都過度：他們愛人愛得過度，恨人恨得過度，他們做任何別的事情也是如此。他們相信並且斷言，什麼事情他們都懂，這就是他們做什麼事情都過度的原因。他們要是害人，那是出於傲慢，而不是出於邪惡。他們憐憫別人，因為他們認為所有的人都是好人，都是比他們好的人。他們自己清白無辜，便用這個標準來估量鄰居，因此認為他們不應當遭受苦難。他們喜歡開玩笑，因此能靈機妙語；靈機妙語是一種經過鍛鍊的傲慢。

十三、老年人的性格

老年是與年輕相反的，除了身體衰老之外，他們缺乏熱情，對事物十分現實，他們吝惜金錢，已經失去年輕時的鬥志。他們做事遲緩，思維反應慢，處於一種十分平靜、穩定的狀態之中。

老年人與青年人的性格截然不同，亞里斯多德是這樣看的：

壯年和老年人的性格與年輕人大不一致。由於他們已經經歷了許多歲月，時常上當，時常犯錯誤，並且由於世道很壞，所以他們對什麼事情都沒有把握，做什麼事情都不及度。他們以為事情是這樣的，可是什麼事情他們都弄不清楚。他們對什麼事情都存在懷疑，總是添上「也許」、「大概」，他們說話就是這樣，從來不肯定。他們對事物加以惡意的解釋，所謂「惡意的解釋」，就是對什麼事物都只看比較壞的一面。還有，由於對人不信任，他們總是多疑，不信任是由於有了經驗。由於這個緣故，他們愛也愛得不厲害，恨也恨得不厲害，愛一個人把他當作未來的仇人來愛，恨一個人把他當作未來的朋友來恨。他們志氣短小，因為他們經歷過生活上的屈辱。他們沒有遠大或非凡的願望，只追求生活上的需要。他們不慷慨，因為錢財是一種必需品，還因為他們從經驗中得知錢財來之不易，去得卻容易。他們膽子小，對什麼事情都事先就害怕，他們的心情和年輕人相反：他們很冷淡，年輕人卻很熱情。所以衰老為怯懦開闢了道路，因為恐懼是一種寒冷的感覺。他們愛惜生命，特別是在暮年的時候，因為欲念是對人們所沒有的東西的渴望，人們特別想要他們所缺少的東西。他們過於自私，這也是志氣短小的表現。由於自私，他們活著的目的是為了追求有益的東西，而不是為了追求高尚的東西，這真是不應該，因為有益的東西只是對個人有好處，高尚的東西則是絕對有好處。

由於他們對高尚的東西不及有益的東西那樣關心，所以他們往往對別人的看法十分輕慢，表面不是害羞，而是厚顏無恥。他們不抱任何希望，一半是由於他們有了經驗，因為已經發生的事多半是壞事，總之，事情多半是越來越壞。一半是由於他們膽子小，他們靠回憶過日子，而不是靠希望過日子，因為他們的生命剩下的很短暫，過去的很漫長。他們希望瞻矚未來，記憶留

戀過去，由於這個緣故，他們的話很多，他們不斷地追述過去的事情，因為他們在回憶的時候感到愉快。他們的憤怒來勢凶猛卻無後勁。他們的欲念有的已經消失，有的已經衰弱，所以他們感覺不到有欲念，他們的行動不是出於欲念，而是出於貪財。

因此，這種年齡的人似乎是有節制的人，由於他們的欲念已經衰弱，他們成了錢財的奴隸。他們的生活受理智支配，而不受性格支配：理智使人追求有益的東西，性格使人追求美德。他們要是害人，那是出於邪惡，而不是出於傲慢。老年人和年輕人一樣憐憫別人，可是原因不同：年輕人憐憫別人是由於博愛，老年人憐憫別人則是由於衰弱，因為他們認為，一切苦難都會落到自己身上，由於這個緣故，他們產生憐憫之情。也由於這個緣故，老年人總是唉聲嘆氣，他們不能靈機妙語，不愛開玩笑，因為唉聲嘆氣和愛開玩笑是相反的。

▌十四、壯年人的性格

壯年是處於年輕與老年中間的狀態。他們的各種習性也是如此。他們性情不大膽也不畏懼，不節儉也不揮霍。他們節制並不吝嗇，可以說壯年是人生中的一個極佳的狀態。

亞里斯多德對壯年人的性格也進行了分析：

壯年人沒有青年人和老年人那樣極端，性格處於兩者之中。壯年人的性情不太大膽（太膽大等於魯莽），也不太畏懼，而是恰到好處。他們不是對什麼人都信任，也不是對什麼人都不信任，而是按照真實情況來判斷。他們的生活不僅是著眼於高尚的東西，也不僅是著眼於有益的東西，而是著眼於這兩種東西。他們不節儉，也不揮霍，而是適度。他們的火氣和欲念也是如此。他們的節制中有勇氣，他們的勇氣中有節制。這兩種品質在年輕人和老年人中是截然分開的，因為年輕人有勇氣而不能自制，老年人有節制而膽怯。一般說來，年輕人和老年人各自分得的有益東西，都是壯年人所兼備的；而年輕人和老年人的過度和不及度，在壯年人身上就成了適中與適度：體力在三十～三十五歲之間發育完成，智力約在四十九歲發育完成。

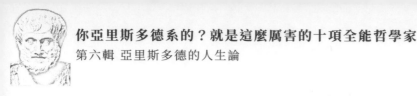

▌十五、高貴出身對性格的影響

高貴出身的人會表現優秀的品質，但並非所有高貴出身的人都是如此，有一些人品質也極為低劣。

亞里斯多德認為，出身對性格的影響是極大的。只要有高貴的基礎，我們就會更愛榮譽，因為它意味著這是祖先傳下來的傳統。高貴出身的人甚至瞧不起與自己祖先相似的人，因為同樣的東西，年代遠的比年代近的更光榮，更值得誇耀。「高貴出身」，指出身於優秀的家族；「高貴品質」，指沒有由於喪失家族的本性而退化的品質。一般來說，這種品質並不是所有高貴出身的人都具有的，他們當中大多數人都是廢物。在人類的世代中，正如田間的生產一樣，有一定的收穫，有時候，假定種族是優秀的，在一定時期內生產非凡的子孫，後來就退化了。有才能的家族退化為瘋子，意志堅強的家族退化為蠢材與懶漢。

▌十六、財富對性格的影響

亞里斯多德在此過分地強調了財富對性格的負面影響，如妄自尊大、驕奢淫逸等。

通常，財富養成的性格可以很明顯地看出來。富人妄自尊大，傲慢無禮，財富的獲得影響了他們的心理。他們以為他們獲得了一切好東西，這對他們產生了影響，錢財是一切別的東西的價值標準，因此，他們認為每一樣東西都可以用錢買得。他們奢侈，自誇自負：他們奢侈，因為他們過著驕奢淫逸的生活，炫耀他們的幸福；他們自誇自負，庸俗不堪，因為人人都慣於談論他們所喜愛和稱讚的事物。富人認為他們所要爭取的東西，也就是別人所要爭取的。他們的這種心情是很自然的，因為需要富人幫助的人是很多的。

因此有西莫尼德斯回答希厄戎的妻子談論哲人與富人的名言：那婦人問他：「做富翁好還是做哲人好？」「做富翁好，」他回答說，「因為我時常看見哲人在富翁的門口打發他們的日子。」富人認為他們應該擔任官職，因為他們認為他們有資格擔任官職。總而言之，富人的性格，是交好運的愚人

的性格。可是暴發戶的性格和長久富有的人的性格是有區別的，因為暴發戶具有更多更壞的惡德，一個暴發戶就是一個沒有受過用錢訓練的人。他們要是害人，那不是出於邪惡，而是出於傲慢和無節制，結果造成暴行和姦淫罪。

十七、權力和好運對性格的影響

權力給人以榮譽威儀，但用權力害人也是很可怕的。好運則使人變得傲慢、愚蠢，也可以使人敬神、愛神。

權力的本質一部分與財富一致，一部分較好，所以權力養成的性格也是同樣清楚的。當權者的性格比富人更愛榮譽、更勇敢，因為他們要做他們的權力容許他們做的事情。他們做事全神貫注，比較認真，因為他們必須關心他們的權力。他們有威儀而不盛氣凌人，他們的地位使他們更加顯眼，因此，他們的舉止要有節制。這種威儀是一種溫和而優雅的儀態：他們要是害人，那就非同小可，害人不淺。

最重要的好運養成了上述性格。此外，好運還使人有好兒女、好身體，在這些方面占便宜。好運顯然使人變得更傲慢、更愚蠢，卻也使人養成一種非常好的性格：他們敬愛神、同神保持一定的關係，由於從運氣那裡獲得了好處而信仰神。

國家圖書館出版品預行編目（CIP）資料

你亞里斯多德系的？就是這麼厲害的十項全能哲學家 / 林真如 著 .
-- 第一版 . -- 臺北市：崧燁文化，2020.02
　　面；　公分
POD 版

ISBN 978-986-516-179-8(平裝)

1. 亞里斯多德 (Aristotle, 384-322 B.C.) 2. 學術思想 3. 哲學

141.5　　　　　　　　　　　　　　　　　108018867

書　　　名：你亞里斯多德系的？就是這麼厲害的十項全能哲學家
作　　　者：林真如 著
發 行 人：黃振庭
出 版 者：崧燁文化事業有限公司
發 行 者：崧燁文化事業有限公司
E - m a i l：sonbookservice@gmail.com
粉 絲 頁：　　　　　　　網址：
地　　　址：台北市中正區重慶南路一段六十一號八樓 815 室
8F.-815, No.61, Sec. 1, Chongqing S. Rd., Zhongzheng
Dist., Taipei City 100, Taiwan (R.O.C.)
電　　　話：(02)2370-3310 傳　真：(02) 2388-1990
總 經 銷：紅螞蟻圖書有限公司
地　　　址: 台北市內湖區舊宗路二段 121 巷 19 號
電　　　話:02-2795-3656 傳真 :02-2795-4100　　　網址：
印　　　刷：京峯彩色印刷有限公司（京峰數位）
　　本書版權為千華駐讀書堂出版社所有授權崧博出版事業有限公司獨家發行電子
　　書及繁體書繁體字版。若有其他相關權利及授權需求請與本公司聯繫。
定　　　價：250 元
發行日期：2020 年 2 月第一版
◎ 本書以 POD 印製發行